KB200155

사랑하기 위해 살고
살기 위해 사랑하라

사랑하기 위해 살고 살기 위해 사랑하라

김복남

규장

추/천/의/글

영혼을 맑게 하는 삶의 이야기

책을 펴고 단숨에 읽었습니다. 처음에는 천천히 묵상하면서 읽으리라 생각했는데 손에서 놓을 수가 없었습니다. 어느 새 흘러내리는 눈물을 닦을 생각도 못하고 그대로 두었습니다. 처음에는 글자가 뿌옇게 보였는데 울다 보니 눈과 내 영혼이 맑아지는 걸 느꼈습니다.
저는 김복남 전도사님을 압니다. 하나님께서 그녀를 만나게 하시고, 20여 년 동안 교제하게 하셨습니다. 그녀의 삶은 언제나 제게 감동이었습니다. 그러나 글을 통해 긴 세월 동안의 깊은 고뇌와 싸움과 아픔을 보면서, 고백하는 것은 하나님의 은혜입니다. 모든 것이 하나님의 은혜입니다.

• 이동준 은광교회 담임목사

상처받은 치유자의 위로

세브란스병원에서 26년 가까이 충성스럽게 일하신 김복남 전도사님의 삶의 이야기를 소탈하게 풀어낸 책입니다. 그녀는 환자들의 아픔을 함께 아파하며, 그들의 치유를 자신의 일처럼 기뻐합니다. 또 정년퇴임을 한 이후에도 수고와 헌신을 아끼지 않으며, 자신도 뇌종양과 씨름하면서 예수님처럼 상처받은 치유자로서의 사명을 묵묵히 감당합니다. 이 책이 고통당하는 환자들에게는 위로와 소망이 되고, 일반 성도들과 교역자들에게는 격려와 도전이 될 것을 확신합니다.

• **정종훈** 연세대학교 의료원 원목실장 겸 교목실장

삶의 이정표가 되어주는 나눔의 삶

이 책에는 우리의 섬김과 나눔을 부끄럽게 하는 김복남 전도사님의 삶이 그대로 담겨 있습니다. 누구도 결코 포기하지 않는 사랑과 깊은 인내를 배울 수 있습니다. 어떻게 하면 이웃과 더 많이 더불어 살 수 있을까도 보여줍니다. 또한 묵묵히 자신의 자리에서 열심과 성실로 최선을 다하는 전도사님의 삶의 향취가 우리를 돌아볼 수 있게 하는 쉼표가 되어줍니다. 하나님 사랑, 이웃 사랑이 일상이 되어버린 전도사님의 사역과 발자취가 길을 잃고 방황하는 자들에게 새로운 삶의 이정표가 되기를 소망합니다.

• **유재필** 순복음노원교회 위임목사, 순복음성민선교회 이사장

눈부신 아침을 보는 지혜의 눈

제가 만난 사람 중에서 예수님을 가장 많이 닮은 분이 김복남 전도사님입니다. 그녀의 삶 속에서 경험했던 예수님의 이야기를 들으면 흐르는 눈물을 주체할 수가 없습니다. 예수님의 무릎에 앉은 어린아이처럼 감동과 감격에 넋을 잃고 맙니다. 전도사님의 순박하고 담백한 글 속에는 별빛마저 숨죽인 그믐밤에도 눈부신 아침을 보는 혜

안이 있습니다. 뇌성과 전광이 천지를 진동하고, 폭풍우가 쏟아져도 찬란한 빛을 볼 수 있지요. 그래서 망망대해의 일엽편주와 같을 때도 미동치 않고 안식의 항구를 향해 힘차게 노를 젓는 용기가 생깁니다.

• **고명진** 수원 중앙침례교회 담임목사

아픔 속에 숨겨진 진정한 보화

수년 전, 김복남 전도사님을 초청하여 간증을 들었습니다. 처음에는 귀를 기울이고, 그다음은 정수리에 손을 얹게 되고, 급기야는 가슴을 치며 울게 되었습니다. 간증을 들을 때마다 진실되고 차분하며 아름답다는 걸 느낍니다. 또 신앙은 초월이 아니라 '인내'이며, 사랑은 기적이 아니라 '잠잠한 이해'라는 걸 깨닫습니다.
지금까지 믿음 하나를 붙들고 왔는데 이해할 수 없는 고통을 당하는 분들에게 이 책을 추천합니다. 하나님께서 왜 고통을 허용하시는지, 아픔 속에 숨겨진 진정한 보화가 무언지를 이 상처 입은 치유자의 고백을 통해 보게 될 것입니다.

• **남태섭** 대구 서부교회 담임목사

복을 주기 위해 태어난 사람

김복남 전도사님은 정말 '남에게 복을 주기 위해서 태어난 사람'입니다. 그녀는 믿음의 복을 나누어 줍니다. 자신의 삶과 재활병원 사역의 경험을 나눌 때 많은 사람들이 깊은 감동을 받습니다. 또 소망의 복을 나누어 줍니다. 사람들의 아픔을 들어주고, 그들의 영육 간의 회복을 위해 혼신을 다합니다. 그리고 사랑의 복도 나누어 줍니다. 목회자들에게는 목회에 필요한 실질적인 조언도 해줍니다.
이 책은 전도사님을 통해 하나님께서 주시는 복을 경험한 사람들의 이야기입니다. 독자들도 이런 복을 함께 누리길 바랍니다.

• **이성현** 샌디에이고 한인연합감리교회 담임목사, 미 연합감리교회 한인총회 총회장

사랑으로 심은 열매들

저는 비지니스를 하는 사람입니다. 글을 잘 쓸 줄도 모르고, 쓴 적도 없습니다. 그런데 김복남 전도사님이 이 책의 추천서를 부탁했습니다. 흔쾌히 쓰겠노라고 했지만 막막했습니다. 그런데 원고를 읽기 시작하면서 겁이 나고 후회가 되었습니다. 쓸 말이 없었기 때문이지요. 아니, 말문이 막혔다는 게 맞을 것 같습니다. 그리고 순간, 가슴이 다시 뛰었습니다. 제 안에 새로운 도전이 시작되었지요.
저는 비즈니스를 탁월하게 하는 사람입니다. 그런데 김 전도사님은 저보다 더 뛰어난 장사꾼입니다. 그녀는 세상이 알 수 없는 확실한 곳에 인생 전부를 사랑을 담보로 투자했습니다. 저는 확신합니다. 주님을 만나는 그날에 두 눈으로 반드시 볼 것입니다. 사랑으로 심은 그 모든 일의 열매들을…. 참 잘하셨습니다. 수고하셨습니다!

• **장도원(장진숙)** | 포에버21 CEO

관점을 바꾸어 예수님께 나아간 사람

이 책을 읽으며 “내가 너희에게 이르노니 너희 의가 서기관과 바리새인보다 더 낫지 못하면 결코 천국에 들어가지 못하리라”(마 5:20)라는 말씀이 생각났습니다. 오직 예수 그리스도의 보혈로 하나님 앞에 나아갈 수 있다는 것을 믿고 깨달은 자라야 천국에 갈 수 있습니다. 김복남 전도사님의 삶과 사역을 통해 어려운 환경 속에서도 관점을 바꾸어 예수님 앞으로 나아간 사람들을 만날 수 있습니다. 또한 우리를 끝까지 사랑하시는 하나님의 역사하심도 감동 깊게 읽을 수 있습니다.

• **최우백(최신애)** | 이학박사, 폽 신더시스 CEO

용기와 도전을 주는 책

저는 김복남 전도사님과 국내와 미주 교회에 간증 집회를 많이 다녔습니다. 책에도 잘 나와 있듯이 그녀는 사람들과 관계를 지속해가는 신실함이 있어, 다시 초청하는 교회가 많았지요. 이 책을 통해 그녀의 그런 모습을 다시 보게 되어 감사합니다. “내게 능력 주시는 자 안에서 내가 모든 것을 할 수 있느니라”(빌 4:13)라는 말씀이 그녀뿐 아니라 자녀들에게도 열매로 맺힌 것을 봅니다. 하나님께서 이들의 남편과 아버지가 되어주심에 감사하며, 모쪼록 이 책이 많은 사람들에게 용기와 도전이 되기를 바랍니다.

• **윤형주** 가수

머/리/글

오늘을 살아가는 우리들의 이야기

사람들에게는 저마다의 이야기가 있다. 다른 사람들에게는 아무렇지도 않은 평범한 이야기든, 모두가 놀랄 만한 흥미로운 이야기든 각자가 살아온 흔적이기에 소중하다.

예수님을 믿는 사람들도 하나님과 더불어 살아온 날들에 대한 이야기가 많다. 우리는 그것을 '간증'이라고 하는데, 사람들 앞에서 말하거나 책으로 내기도 한다. 하지만 나는 최고의 간증은 성경에 나오는 믿음의 사람들의 이야기라고 생각한다.

그중에서도 바울의 이야기를 좋아한다. 그래서 바울서신서 중에서 빌립보서 전장을 암송한다. 빌립보서를 암송하고 있던 어느 날, "형제들아 너희는 함께 나를 본받으라"(3:17)라는 말씀을 읽었다. 순간, 바울이 장막을 만드는 일을 하면서 복음을 전했던 것처럼 나도 병원에서 일하면서 복음을 전하고 싶다는 생각이 들었다. 그러나 바울을 닮고는 싶지만 그가 겪은 고난만큼은 피하고 싶었다. 하지만 성령님은 그것을 허락하지 않으셨다.

그러나 무엇이든지 내게 유익하던 것을 내가 그리스도를 위하여 다 해로 여길뿐더러 또한 모든 것을 해로 여김은 내 주 그리스도 예수를 아는 지식이 가장 고상하기 때문이라 내가 그를 위하여 모든 것을 잃어버리고 배설물로 여김은 그리스도를 얻고 빌 3:7,8

그래서 나는 복음을 전하기 위해 학위와 목사 안수와 세상의 직함을 모두 포기했다. 또 연차와 명절 휴가까지도. 심지어 남들이 퇴근할 때 교회로 출근했고, 쉬는 날과 개인 생활도 모두 포기했다. 그러나 병원 업무와 엄마로서 해야 할 일은 예외였다. 그 두 가지가 내게는 우선순위였기 때문이다.

몸은 고달팠지만 복음을 전하는 걸 사명으로 여기며 기쁨으로 순종했다. 또 집회가 없는 토요일에는 반드시 아이들과 함께 보냈고, 평일 밤에는 환자들과 함께하려고 노력했다. 그리고 재활병원이 증축되기 전까지는 목요일 저녁에 찬양예배도 드렸다. "내게 능력 주시는 자 안에서 내가 모든 것을 할 수 있느니라"(빌 4:13)의 말씀을 믿었더니 성령님이 이 모든 걸 감당할 수 있는 능력을 주셨다.

나는 베이비붐 1세대(1955~1963년에 태어난 세대)로 굉장히 힘들고 어려운 시대를 지나왔다. 그런데 지금 생각해보면 참 감사하다. 그때는 지금처럼 각박하지 않았기 때문이다. 큰 부자는 아니었지만 그리 가난하지도 않았던, 착하고 성실하신 부모님에게서 태어난 것도 감사하다.

내 이름이 '복남'(福男)인 것도 감사하다. 사실 여자아이에게 어울리는 이름은 아니다. 아들이 귀한 집안이라서 그렇게 지었는데 남동생을 보게 되었다. 어린 시절에는 이름 때문에 화가 날 때도 많았다. 그런데 '나는 남에게 복을 주기 위해서 태어난 사람이야'라고 생각하기로 하자 내 이름이 꽤 괜찮게 느껴졌다. 가끔 '남자로 태어났으면 어땠을까'라는 생각도 했지만 여자로 태어난 것이 감사하다. 사랑하는 아이들을 낳아 기를 수 있었기 때문이다.

나는 정말 감사하다는 생각을 많이 할 수밖에 없는 사람이다. 매일 병원에서 선천적으로 장애를 갖고 태어나는 아이들과 희귀난치성 질환을 앓는 환자들을 본다. 나는 그들에게 한없이 미안한 마음이 든다. 장애아를 둔 엄마들이 내게 묻는다.

"제가 무슨 죄를 지어서 이런 아이를 낳았을까요?"

요한복음 9장에 보면 태어나면서부터 소경인 사람을 보고 제자들이 "저 사람은 본인의 죄 때문입니까, 부모의 죄 때문입니까?" 하고 묻는다. 예수님은 본인의 죄도 부모의 죄도 아닌, 하나님께서 하시고자 하는 일을 나타나게 하기 위함이라고 말씀하신다(2,3절).

하지만 나는 그들의 물음에 대답하기가 어렵다. 왜냐하면 그들이 평생 그 짐을 지고 살아야 하기 때문이다. 그런 자식을 낳았다는 이유로 남편과 헤어지거나 가족에게 버림을 받기도 한다. 또 장애나 난치병을 갖고 태어나 부모에게 버림받은 아기들도 많다. 그들에게 어떻게 '하나님의 뜻'이라고 쉽게 말할 수 있겠는가!

이 책에는 내 이야기뿐 아니라 나와 더불어 살아가는 환자들의 이야기가 많다. 또한 실명(實名)의 인물 이야기도 실었는데, 내용에 거짓이 없음을 밝히고 싶었기 때문이다. 그리고 성공한 이야기보다는 실패한 이야기가 더 많다. 숨기고 싶은 내 치부를 드러내는 이야기도 있다.

그런데 사람들은 이 간증을 이미 들었는데도 다시 듣고 싶다고 계속 요청을 해온다. 하지만 내 육신의 한계와 집회 시간의 제약 때문에 다 전할 수가 없는 안타까움이 늘 있었다.

그러던 중에 규장출판사로부터 책을 내자는 제의를 받았다. 하지만 나는 오랜 시간 망설였다. "남이 읽지 않는 책은 공해다"라는 이동준 담임목사님의 말씀이 떠올랐고, 인명진 목사님의 책을 읽고 '내가 정말 성직자인가' 하는 자책이 들었기 때문이다. 또한 유기성 목사님의 책들과 규장에서 낸 간증 책들을 읽으면서 더 자신이 없어졌다.

그러나 평범한 사람들의 이야기에도 메시지가 있을 거라는 믿음과 확신으로 책을 내기로 결심했다. 오늘을 살아가는 우리들의 이야기가 어쩌면 독자들의 이야기일 수도 있기에 그 안에서 하나님의 음성을 듣길 간절히 바라면서 이 책을 썼다.

차례

1부

1장

사랑은 포기하지 않는 것

복음의 황금어장

나는 26년 동안 병원에서 근무하면서 정말 많은 사람들을 만났다. 내가 근무하고 있는 세브란스병원에는 하루에 1만 명의 외래환자와 1만 2천 명의 직원이 있다. 8백 명의 자원봉사자와 입원한 환자와 보호자까지 합치면 수만 명에 달한다. 이렇게 많은 사람들을 만나면서 그들에게 공통점이 있다는 걸 알게 됐다. 하나같이 오래 살고 싶어 한다는 것이다.

"천국이 아무리 좋아도, 지금 떠나라고 한다면 갈 수 있겠습니까?"

다들 입을 맞춘 듯이 "나중에 가겠습니다"라고 말한다. 장수(長壽)에 대한 염원은 인간의 본능과도 같다. 그런데 우리의 뜻대로 되지 않는 게 인생이다. 나도 내가 뇌종양 환자가 될 거라고는 상상하지 못했다. 살다보면 원치 않은 질병과 뜻밖의 사고로 병원 신세를 질 수 있다. 몸이 아픈 건 분명히 고난이지만 한편으로는 축복이 될 수 있다. 시편 기자는 말한다.

> 고난 당한 것이 내게 유익이라 이로 말미암아 내가 주의 율례들을 배우게 되었나이다 시 119:71

평소에 인생에 대해 진지하게 생각하며 살기란 쉽지 않다. 그런데 아프면 진지해진다. 요즘 아이들은 태어나자마자 공부를 시작해 유치원에 들어가면서부터 영어를 배우느라 정신이 없다. 그러다 초등학교에 들어가면 국제중학교에, 중학교에서는 특수목적고등학교에, 고등학교에서는 명문대에 들어가기 위해 끊임없이 공부한다.

또 대학을 졸업하면 대기업에 취직하려고, 취직해서는 승진하기 위해 바쁘게 산다. 그들이 결혼해서 자녀를 낳으면 대를 이어 그런 삶이 반복된다. 우리의 삶은 너무나 바쁘다. 그래서 뒤를 돌아볼 여유도, 인생에 대해 진지하게 생각해볼 시간도 없다.

60대 초반의 한 환자가 내게 말했다.

“전도사님, 저는 서울대를 나와 대기업에 근무했고, 아들과 딸은 아이비리그(미국 동부에 있는 8개 명문 사립대학의 총칭) 명문대를 졸업해 미국에 있습니다. 저는 정년퇴직한 후에 아이들이 있는 미국에 드나들며 살려고 돈도 많이 모아두었어요. 그런데 제가 췌장암에 걸렸답니다. 앞으로 3개월밖에 살지 못한다는데, 이런 억울한 일이 있습니까? 도대체 인생이 뭔지…. 사람들이 죽으면 ‘돌아가셨다’라고 하는데 저는 이제 어디로 돌아가는 거죠?"

천상병 시인은 〈귀천〉에서 인생을 이렇게 표현했다.

나 하늘로 돌아가리라
아름다운 이 세상
소풍 끝내는 날
가서, 아름다웠더라고 말하리라

자신은 어디로 돌아가는 거냐고 묻던 그 환자의 질문으로 많은 생각을 하게 되었다. 아프면 자신의 인생을 진지하게 돌아보게 된다. 그래서 질병 또한 다른 고난처럼 복이 될 수 있다.

또 아프면 겸손해진다. 그 순간에 누가 다른 사람보다 많이 배우고 많이 가진 걸 뽐낼 수 있겠는가. 뇌혈관 하나만 터져도 그 많던 지식이 한순간에 지워져 말 한마디를 제대로 하지 못하게 된다. 그리고 하나님을 찾게 된다. 하나님 없이도 얼마든지 살 수 있다고 큰소리치던 사람들도 마찬가지다. 그래서 병원은 복음을 전할 수 있는 황금어장이다.

요즈음 군 선교와 학원 선교 상황이 어렵다고 하지만 병원 선교만큼은 가능성이 활짝 열려 있다. 그러나 병원과 교회에서도 지원받지 못하고 열악한 환경에서 사역하는 원목(병원 목회자)들이 여전히 많다. 병원 선교와 영적 치료사들인 원목들에 대해 관심을 좀 더 기울인다면 교회가 부흥할 수 있는 좋은 기회가 될 것이다.

한번은 우리 병원의 특실에 대기업의 회장님이 입원한 적이 있다. 병실에 들어갔더니 그의 부인이 앉아서 불경을 보다가 내게 말했다.

"이 병원이 기독교병원인 줄 알고 입원했어요. 하지만 우리는 불교 신자입니다. 우리의 종교를 존중해주셨으면 좋겠어요."

내가 전도사라고 하자 전도하러 온 줄 알았던 모양이었다. 나는 알겠다고 하고 병실에서 나왔다. 그런데 그다음 주 목요 찬양예배 시간에 그 회장님이 휠체어를 타고 간병인과 함께 예배실로 들어왔다. 나는 깜짝 놀라 예배가 끝난 뒤에 그에게 다가갔다.

"불교 신자라고 하지 않았습니까?"

그랬더니 그가 말했다.

"병실에 누워 있는데 어디선가 '예수 사랑하심은 거룩하신 말일세~' 하는 노랫소리가 들리더군요. 제 고향이 평양인데 어릴 적에 어머니의 치맛자락을 붙잡고 천막 교회에 가서 불렀던 노래였어요. 그걸 듣는데 어머니 생각이 간절히 나서 이곳까지 오게 되었습니다."

그날 밤에 그는 예수님을 믿기로 결심했다. 당시 그의 나이가 여든이 넘었음에도 어릴 적에 불렀던 찬송에 이끌려 결국은 주님께 돌아왔다(이후에 나는 그가 사는 동네의 교회에 그를 연결해주었다). 하나님은 한 번 택하신 영혼은 결코 포기하지 않으신다.

하나님이 우리를 사랑하시는 사랑을 우리가 알고 믿었노니 하나님은 사랑이시라 사랑 안에 거하는 자는 하나님 안에 거하고 하나님도 그의 안에 거하시느니라 요일 4:16

1993년에 우리나라에서는 처음으로 세브란스 재활의학과의 치료사들을 채용할 때, 나를 영적 치료사로 채용했다. 지금은 우리 병원의 모든 목회자들이 전문 병원별로, 진료 과목별로 영적인 부분에서 환자들을 치료하고 있다. 또 의사들은 환자의 동의를 얻어 기도한 후에 수술을 시작한다.

사람의 심령은 그의 병을 능히 이기려니와 심령이 상하면 그것을 누가 일으키겠느냐 잠 18:14

영혼이 치료되지 않으면 온전한 치료가 이루어질 수 없다. 세계적인 암 예방과 치료 분야의 권위자로 알려진 김의신 박사라는 분이 있다. 그는 미국의 텍사스대학교 MD앤더슨 암센터의 종신교수이자 '미국 최고의 의사'(The Best Doctors in America)에 여러 차례 선정되기도 했다.

그런 그에게도 이해할 수 없는 게 있다고 한다. 살 가망이 전혀 없던 환자가 기적적으로 소생하는 경우이다. 그런데 그런 기적을 경험하는 사람들을 보면 신앙인이라는 공통점이 있었다고 한다.

사람의 몸에는 바이러스에 감염된 세포나 암세포를 잡아먹는 대표적인 면역 세포인 '자연살해세포'(natural killer cell)가 있는데, 이것이 많으면 암 치료의 효과가 뛰어나고 재발률도 낮아진다고 한다. 여러 환자들을 대상으로 조사한 결과, 항상 웃고 즐겁게 사는 사람의 몸에서 이 세포의 수치가 높게 나타났다고 한다. 특히 교회 성가대의 찬양대원들이 일반인보다 1,000배나 높게 나왔다고 한다. 신앙을 갖는 건 이처럼 중요하다.

사랑하는 자여 네 영혼이 잘됨같이 네가 범사에 잘되고 강건하기를 내가 간구하노라 요삼 1:2

나는 환자들을 상담할 때 그들의 이야기를 끝까지 들어준다. 모두 자신만의 사연이 있기에 그 이야기를 다 들어주면서 스스로 정리할 수 있게 도와준다. 그들이 이미 했던 말을 반복하고, 누군가에 대한 분노와 화를 계속 내더라도 인내하며 들어주다보면 환자 스스로 안정을 찾아간다.

그러고 나서 그들과 함께 기도한다. 기도하다가 서로 부여잡고 울기도 하고, 찬양과 예배를 드리기도 하는데, 이것이 영적 치료의 시간이다. 이런 예배를 많이 드리면 드릴수록 더 건강해지는 걸 실제로 많이 목도했다.

행복의 기준

재활병원에서 근무하면서 갖가지 장애를 입은 사람들을 많이 만났다. 그중에서도 가장 눈에 띄는 환자들이 절단 장애인들이다. 우리 병원에서는 이런 환자들에게 다양한 보정 기구(의수족)를 만들어 주는데, 요즘은 기술이 매우 발달되어 진짜 손이나 발처럼 보인다. 그래도 실제 손과 발만은 못하다.

손이 절단된 한 환자가 말했다.

"병원에서 청소하는 분들이 정말 부러워요. 만약 제게도 손이 있어서 일할 수 있다면 얼마나 좋을까요."

유방암이 팔까지 전이되어 한 팔을 잃은 환자가 말했다.

"팔을 다시 가질 수 있다면 세탁기로 빨래를 하지 않을 거예요. 손으로 빨래할 때 느껴지는 촉감을 실컷 느껴보고 싶어요."

감전 사고로 두 팔을 잃은 사람도 비슷한 고백을 했다.

"저는 어깨부터 절단했기 때문에 의수를 해도 전혀 쓸 수가 없습니다. 그래도 이 무거운 의수를 하는 건 다른 사람들에게 혐오감을 주지 않기 위해서예요. 또 이게 없으면 몸의 중심을 잡기가 힘들거든요."

우리에게 팔은 정말 중요하다. 보조기를 만드는 전문가에게 의수의 무게가 얼마나 되는지 물었더니 1킬로그램 정도라고 했다. 양팔이 없는 환자의 경우에 늘 2킬로그램짜리 추를 몸에 매달고 사는 것과 같다. 그러니 얼마나 무겁겠는가. 건강한 사람은 자기 두 팔이 무겁다고 느끼지 않는다. 이는 70킬로그램의 사람을 업는다고 할 때 그가 살아 있으면 그리 어렵지 않지만, 망자(亡子)라면 쉽지 않은 것과 같을 것이다.

양쪽 팔에 무거운 의수를 단 환자가 말했다.

"저는 아내가 밥을 떠먹여줘야 먹을 수 있고, 화장실에 가서도 바지를 내리고 뒤처리까지 다 해줘야 합니다. 그런데 저는 그런 아내를 안아줄 수 없는 몸이 되었어요. 두 팔이 있었을 때 자주 안아주지 못한 게 후회돼요."

지금 내게 건강한 팔이 있다면 열심히 일하고, 사랑하는 사람을 마음껏 안아주기를 바란다.

한쪽 다리를 절단한 한 여대생이 있었다. 인도를 걷고 있는데 택시가 갑자기 덮치는 바람에 다리를 잃었다. 아침에 회진을 하는데 그 여학생이 울고 있기에 내가 물었다.

"왜 울고 있니?"

"어젯밤 꿈에 친구들과 웃고 떠들며 걸어 다녔는데, 일어나보니 제 한쪽 다리가 없어진 그대로였어요. 마음이 너무 아파요. 꿈에서처럼 친구들과 걸어 다니고 싶어요."

공사장에서 일하다 다리에 못이 찔렸는데 제대로 치료하지 못해 파상풍으로 절단하게 된 젊은 남자 환자도 떠오른다. 그는 밤마다 없어진 다리를 가리키며 아프다고 소리를 질렀다. 강한 진통제를 줘도 소용이 없었다. 밤이 되면 더 아프다고 했다. 그래서 간호사들이 내게 부탁했다.

"전도사님이 밤에 그 환자에게 좀 가주시면 안 될까요?"

그래서 그날 밤에 나는 병원에 남아서 그가 아프다고 하면 병실로 가서 함께 기도했다. 그는 이미 사라진 다리 쪽을 부여잡고 울었다. 신체의 일부를 잃었지만 마치 있는 것처럼 통증을 느끼는 '가상 통증'이었다. 이 고통이 상상할 수 없을 정도로 심하다고 한다. 어떨 때는 그가 없어진 다리가 가렵다고 했다. 그래서 내가 그 부위를 긁어주면 편히 잠들곤 했다.

포기가 없으신 하나님

나는 가끔 환자들에게 묻는다.

"당신의 온전한 다리로 일어서고 걸어 다닐 수 있고, 자신의 손으로 밥을 먹을 수 있고, 배우자가 당신에게 '여보'라고 부르고, 자녀들이 당신에게 '엄마' 또는 '아빠'라고 불렀을 때, 그게 얼마나 감사한 일인지 알았나요?"

그러면 다들 씁쓸한 미소를 지으면서 대답한다.

"그때는 돈이나 집이 없다고, 실직했거나 사업에 실패했다고, 또 아이가 대학에 떨어졌다고 걱정하고 불평하기 바빴어요. 그래서 건

강하게 걸어 다니고, 손가락을 움직일 수 있는 것에 감사할 겨를이 없었지요."

우리는 많은 것을 가졌지만 감사할 줄 모르고 당연히 가져야 하는 걸로 여길 때가 많다. 오히려 내게 없는 걸 세기 바빠서 이미 주신 걸 헤아리지 못한다. 그러나 그것들을 잃는 그날이 오면 그제야 얼마나 큰 선물이었는지를 깨닫고, 감사하지 못했음을 후회한다.

나 역시 그런 삶을 살았다. 우리 병원의 목회자들의 대부분은 목회자나 교회 중직자의 자녀들이다(연세의료원 원목실장 겸 교목실장인 정종훈 목사님은 부친과 형제, 심지어 장인과 처남들도 다 목회자이다). 그래서 나는 믿음의 집안에서 자란 사람들이 늘 부러웠다.

나는 독실한 불교 집안에서 자랐다. 우리가 하나님을 택한 게 아니라 그분이 우리를 택하셨듯이 비록 불교 집안에서 태어났지만 어릴 적부터 친구들을 따라 교회에 다녔다. 그리고 감사하게도 기독교 학교에 다닐 수 있었다.

하지만 부모님이 예수를 믿지 않았기에 믿음의 뿌리를 내리기가 힘들었다. 그래서 나는 자녀들에게 가장 큰 축복이 부모의 돈도 학벌도 아닌 예수를 믿는 믿음임을 안다. 나는 딸과 아들에게도 늘 이렇게 말하곤 한다.

"엄마가 너희들에게 해준 건 별로 없지만, 어릴 때부터 신앙을 갖게 된 것에 감사하며 살길 바란다."

자녀들에게 물려줄 재산이 없고, 많이 가르치지 못했다고 죄책감을 가질 필요가 없다. 그들을 위해 기도하면 된다. 자녀를 위해 진심으로 기도할 수 있는 사람은 부모 밖에 없다. 날마다 기도하는 부모를 둔 자녀들은 이미 큰 복을 받은 것이다. 믿음의 후손은 걸식하는 법이 없기 때문이다.

> 내가 어려서부터 늙기까지 의인이 버림을 당하거나 그의 자손이 걸식함을 보지 못하였도다 시 37:25

그래서 나는 주일학교 교사로 섬길 때 부모가 믿지 않는 아이들에게 특별히 신경을 썼다. 혼자 교회에 나와 예배를 드리는 모습이 정말 기특했기 때문이다. 그래서 목사님께 이런 아이들에게 집사님과 장로님들이 양부모가 되어주자고 제안했다. 그래야만 아이들이 교회에 와서 기를 펼 수 있을 것 같았다.

지금은 신앙이 얼마나 중요한지 잘 알고 있지만 결혼할 때만 해도 나는 잘 몰랐다. 그래서 독실한 불교 집안의 한 남자를 만났다. 그리고 우리가 결혼을 준비할 당시 시어머니가 이렇게 말씀하셨다.

"내 아들과 결혼하려면 나를 따라서 열심히 절에 다녀야 한다."

"네, 어머님이 시키는 대로 하겠습니다."

그렇게 나는 예수님 대신에 남편을 선택했다. 그리고 결혼한 후에 제주도에 내려가 3년간 신혼생활을 했다. 제주도에는 없는 종교가 없을 정도로 다양한 종교가 공존했다. 그런데 독실한 불교 신자인 남편이 토속 종교를 연구한다며 온갖 우상을 섬기는 곳에 나를 데리고 다녔다.

그러나 하나님께서는 한 번 택하신 영혼은 결코 버리지 않는 분이셨다. 내가 그곳에 더 있다가는 '우상의 밥이 되겠구나' 하고 생각하셨는지 3년 만에 서울로 옮겨주셨다.

하지만 서울에 아는 사람도 없고, 어디에 집을 얻어야 할지도 막막했다. 그러던 어느 날, 남편이 지도를 갖고 와서 직장과 가까운 지역을 살펴보기 시작했다.

"여기로 가자. 불광동. 절이 많은 동네로 가자."

불광동의 '불'자가 불교의 '불'(佛)자로 그 동네에 절이 많아서 붙여진 지명이었다. 나는 남편의 뜻을 따라 불광동으로 이사갈 준비를 했다.

끈질긴 전도 편지

남편에게는 대학 동창이면서 같은 직장에서 근무하던 손세만이라는 친구가 있었다. 우리 결혼식의 사회를 볼 정도로 절친했다. 그가 결혼 선물로 성경을 주었다.

남편의 말에 의하면 그는 독실한 불교 집안의 외아들이었는데 군대에서 예수를 믿게 되었다고 한다. 그 뒤로 사람이 완전히 바뀌어 부산 동성교회의 장로님의 딸(임현순 사모)과 결혼하면서 직장은 부업이 되고, 전도가 주업이 되었다고 했다.

그가 우리에게 예수를 믿으라는 전도 편지를 자주 보냈다. 처음에는 호기심으로 편지를 뜯어봤지만 계속 보내자 남편이 "또 예수를 믿으라는 소리겠지" 하며 뜯어보지도 않고 바로 휴지통에 버렸다(그때 그 편지는 쓰레기통에 버려졌을지 모르지만 그들의 기도는 버려지지 않았다).

그 친구는 우리 부부를 품고 3년간 기도했고, 드디어 기도 응답이 됐다. 같은 날에 서울로 발령이 나서 불광동으로 함께 이사를 가게 된 것이다. 우리는 참 희한한 우연이라고만 생각했다. 그런데 그가 빙긋 웃으며 말했다.

"하나님 안에서는 결코 우연이란 없어. 우리의 기도가 응답된 거야."

그러면서 우리 부부를 향해 본격적으로 전도하기 시작했다. 나중에는 남편이 넌더리가 난다고 할 정도였다.

"세만이가 눈만 마주치면 어찌나 예수 소리를 하는지, 내가 그 소리가 듣기 싫어서 이리저리 피해 다니고 있어. 그런데 화장실까지 좇아와서 전도를 해. 그때는 어디로 도망가질 못하니 끝까지 들어야 하니까 말이야."

1980년 6월 15일에 그가 자신의 교회(은광교회)에서 총동원전도 잔치가 있으니 한 번만 같이 가달라고 남편에게 부탁했다. 물론 남편은 딱 잘라 거절했다.

"나는 교회에 절대 다니지 않을 거야!"

그럼에도 그는 포기하지 않고 자기 체면을 한 번만 세워달라며 계속 부탁했고, 급기야는 금식까지 한다고 했다. 남편은 그 말에 부담을 느껴 마음을 바꿨다.

"네 소원이 정 그렇다면 구경삼아 한 번은 가줄게. 대신에 예수 믿으라는 소리를 다시는 하지 마라."

그렇게 한 번만 따라가준다는 조건으로 남편은 난생처음 교회 문턱을 넘었다. 그런데 그날, 손세만 씨가 우리를 억지로 교회에 등록시켰다. 그러고는 그다음 주일에도 교회에 가자며 우리를 데리러 왔다. 남편이 불같이 화를 내며 말했다.

"아니, 딱 한 번만 가주면 된다고 하고서 왜 또 데리러 왔어!"

그런데 그다음 주일도 또 그다음에도 그는 지치지 않고 우리를 데리러 왔다. 우리는 '오늘은 갈 데가 있다', '손님이 오기로 했다' 등 갖가지 핑계를 대면서 그를 피해 다녔다. 그러자 그가 말했다.

"네가 정 가기 싫다면 네 아이라도 업고 가야겠다."

그러고는 우리 아이를 업고 교회에 갔다. 우리는 할 수 없이 아이를 데리러 교회에 가야 했다. 그래서 나중에는 그에게 짜증을 냈다.

"사람이 한 번 싫다고 했으면 그만둬야지."

나 역시 마음이 강퍅해져서 교회로 돌아가고 싶은 마음이 조금도 들지 않았다. 그러면 그가 또 우리에게 사정했다.

어느 날, 그가 왜 그러는지 궁금해서 남편이 물었다.

“나를 교회에 데리고 가면 돈이 생기니, 밥이 생기니? 사람을 데리고 가면 무슨 혜택이 있는 거야?”

“아니, 그런 거 없어. 돈이 생기기는커녕 전도하다 보면 오히려 돈이 나가지.”

그의 대답에 남편은 기가 막혀 더 이상 아무 말도 못하고 억지로 끌려가다시피 교회에 다녔다. 그러다 영 안 되겠는지 친구에게 선포하듯 말했다.

“난 이제 정말 교회에 안 다닐 거다. 일요일에 늦잠도 자고, 아이들이랑 놀러도 가고 싶어.”

“걱정하지 마. 늦잠 자고 싶으면 자고 저녁 예배에 나와. 놀러가고 싶으면 아침 일찍 7시 예배를 드리고 가도 괜찮아.”

이에 지지 않고 남편이 말했다.

“교회에 가면 헌금하라고 하고, 집사라고 시켜놓고 십일조를 내라고 하잖아. 난 돈이 아까워서 못 가겠어.”

“헌금은 안 해도 되니까 그런 부담은 갖지 마.”

이후로도 손세만 씨는 어떻게든 남편을 교회로 데려가려고 애썼다.

믿으려면 제대로 믿자

남편은 고등학교 때 간디스토마를 앓아 만성 간염으로 고생을 많이 했다. 그러다 1980년 12월에 혈액검사상 간 수치가 너무 높아 그대로 두면 간경변증(만성 염증으로 간 조직이 굳어져 기능이 저하되는 질환)이 될 것 같다는 병원 진단을 받았다.

의사가 당장 입원하라고 했지만 남편은 회사 일정 때문에 나중에 하겠다고 했다(농협은 연말에 특히 바빴다). 그러자 의사가 어이가 없다는 듯이 말했다.

"당신, 일하고 싶소, 죽고 싶소? 간이 나쁜 사람은 절대 안정을 취해야 하는데 그렇게 일하다가는 죽을 거요."

우리는 어떻게 해야 할지 고민했다. 그런데 손세만 씨가 그 이야기를 듣더니 "친구야, 병원에 가기 전에 나와 금식기도회에 한번 가보자"라고 제안했다.

내가 화를 내며 그에게 말했다.

"아니, 손세만 씨! 예수를 믿어도 그렇게 몰상식하게 감정에 치우쳐 믿어서야 되겠어요? 간이 나쁜 사람은 절대 안정을 취하고 고단백을 섭취해야 하는데 금식기도를 하자니요? 그건 화약을 들고 불로 뛰어드는 거예요"

그런데 흥분한 내게 남편이 말했다.

"금식기도가 뭔지는 모르지만 한번 따라가볼게. 우리 어머니도

절에 다닐 때, 초하루가 되면 불공을 드리곤 했는데 내가 내년부터 예수를 믿으려면 제대로 기도하고 믿어야 하지 않겠어?"

나는 기가 막혔다.

"당신, 사흘이나 금식할 자신이 있어요?"

남편이 말했다.

"아니, 나는 금식하지 않고 음식을 몰래 숨겨서 가지고 갈 거야. 금식기도회의 분위기만 느껴보고 올게."

결국 그는 친구를 따라 한국대학생선교회(CCC)에서 12월 31일부터 1월 3일까지 하는 원단금식기도회에 참석했다. 그런데 놀랍게도 그 기간 동안 꼬박 금식을 하고 돌아왔다. 그것은 기적이었다. 남편이 내게 말했다.

"당신이 나보다 먼저 예수를 믿었으니 내가 하나만 물어볼게. 당신에게 예수를 믿은 구원의 감격이 있어?"

그 말을 듣고 나는 속으로 생각했다.

'예수를 믿으면 구원받은 거지, 무슨 구원의 감격 같은 게 필요한가!'

잠시 후 남편이 간증을 시작했다.

"김준곤 목사님(한국 CCC 설립자)이 로마서 강해를 하시면서 '의인은 하나도 없고 우리는 다 죄인인데 예수 그리스도를 통해 의인이라 칭함을 받게 되었다'라고 하셨어. 그 말씀을 들으며 내가 정말 죄인이라는 걸 알게 됐어. 나는 교회에 다니지 않아도 착하게만 살면 천국에 갈 수 있다고 생각했어. 교회에 다니면서도 거짓말하고, 나쁜 짓을 하는 사람들이 천국에 간다면, 나는 교회에 다니지 않지만 천국에 갈 수 있다고 말이지. 그런데 로마서 강해를 듣고 세상에 죄인이 아닌 사람이 아무도 없다는 걸 깨닫게 됐어."

남편은 하나님을 모르는 게 가장 큰 죄라는 걸 깨달았다고 했다. 자녀가 부모를 몰라보면 불효자식이 되는 것처럼 사람이 창조주이신 하나님을 모르는 게 가장 큰 죄라는 걸 알게 된 것이다. 그리고 우리의 구원자가 자신이 알던 천지신명이 아닌 예수 그리스도라는 걸 깨달았다.

예전에는 병원에서 엑스레이만 찍을 수 있었는데 기술이 발전하면서 CT촬영(X선으로 인체의 횡단면을 촬영하는 검사), 그다음에는 MRI(고주파로 인체에서 보내는 신호를 디지털 정보로 변환하여 영상화하는 검사), 요즘은 PET-CT(몸의 신진대사의 이상을 찾아내어 진단하고 암을 찾아내는 검사)까지 찍는다. 이것은 0.5밀리미터의 암까지 추적하여 세포 하나하나를 다 들여다볼 수 있다.

하나님께서는 이보다 더 세밀하게 우리의 심령을 감찰하신다. 그분 앞에서 자신 있게 "나는 죄가 없다"라고 말할 사람은 아무도 없다.

남편은 이 복음의 진리를 깨닫자마자 완전히 달라졌다. 친구가 데리러 오지 않아도 스스로 교회에 가겠다고 했다. 그리고 내게 선포하듯 말했다.

"우리, 이왕 믿을 거 제대로 믿자!"

그래서 내가 물었다.

"어떻게 해야 제대로 믿는 건데요?"

"믿음은 들음에서 난다고 했으니, 우선 예배 시간에 빠짐없이 출석하자. 학교에 다닐 때 공부를 잘하려면 수업 시간에 빠지면 안 되듯이 예배 시간에 빠져서는 안 되지."

그날 이후로 우리는 아이를 한 명씩 업고 새벽기도를 다녔다. 동네 사람들이 혀를 내두를 정도로 정말 열심히 교회에 다녔고, 부흥회나 집회 등 설교 말씀을 들을 수 있는 곳이면 어디든지 갔다.

한번은 출근한 남편이 집으로 전화를 했다.

"여보, 동산교회에서 부흥회를 한다는데 아이들을 데리고 그리로 와요. 나는 퇴근하고 곧장 갈게."

그래서 나는 아이 둘을 데리고 힘들게 그 동네를 찾아갔다. 우리가 도착했을 때는 이미 예배당이 사람들로 가득 차 있었다. 사람들 사이를 겨우 비집고 안으로 들어갔지만, 가만히 있지 못하는 아이들 때문에 눈치가 보여서 할 수 없이 밖으로 나왔다. 날씨는 춥고, 남편은 어디에 있는지 찾을 수가 없어서 정말 난감했다. 그렇다고 아이 둘을 데리고 집으로 돌아갈 엄두도 나지 않았다.

주위를 둘러보니 교회 마당에 미끄럼틀이 보였다. 나는 아이들을 데리고 그 위로 올라가 유리창을 통해 예배를 드렸다. 부흥 강사의 얼굴은 보였지만 설교가 제대로 들리지 않았다. 그래도 우리는 웅크리고 앉아 얼굴만 포대기 밖으로 내놓은 채 예배를 드렸다. 나는 아이들에게 너무 미안했다.

그런데 부흥 강사가 우리를 보고 내려오라고 손짓하자, 예배당 안의 교인들도 일제히 우리 쪽을 쳐다보았다. 그러자 부흥 강사가 감격하며 말했다.

"예수님 당시의 삭개오가 바로 저 모습이 아니었겠습니까? 성경에는 나무 위에 삭개오 한 사람만 올라갔는데 여기에서는 세 명이나 올라갔습니다!"

그는 우리가 하나님의 귀한 종이 될 거라고 안수기도를 해주었다(정말 그의 기도대로 나는 전 세계를 다니는 전도자가 되고, 아들은 아버지의 유업을 받아 일본 선교사가 되었다).

교만이 싹트다

남편의 변화는 예배를 열심히 드리는 것에서 그치지 않았다. 돈이 아까워 헌금을 못하겠다던 그가 십일조를 내기 시작했다. 놀러 다니고 늦잠을 자고 싶다더니 새벽기도에 하루도 빠지지 않고 다녔다. 그는 복음의 진리를 깨닫자 누가 시키지 않아도 스스로 열심히 했다.

그리고 집사가 되고, 남선교회의 임원이 되고, 주일학교 교사가 되고, 성가대 대원이 되었다. 나도 집사가 되고, 여전도회의 임원이 되고, 주일학교 교사와 구역장이 되었다. 그렇게 직분을 맡으며 신앙생활을 하고 전도를 열심히 하면 믿음이 더 좋아지는 줄 알았다. 그런데 내 속에 자고(自高)하는 마음이 생기고, 영적으로 교만해져서 남편을 유혹하기 시작했다. 적당하게 예수를 믿자고, 예배도 적당히 드리자고, 꼭 새벽기도에 가야 할 필요가 있냐고. 그러나 남편은 절대 적당히 믿을 수 없다고 맞섰다.

그렇게 나는 처음 믿음을 가졌을 때의 뜨거운 마음을 점점 잃어갔다. 시간이 갈수록 믿음이 자라는 게 아니라 교만의 굳은 껍질이 단단히 쌓여가고 있었다. 그러다 보니 남편과 갈등이 생겼고, 자주 다투게 되었다.

그러던 어느 날, 청천벽력 같은 일이 벌어졌다. 남편이 직장을 그만두고 CCC에 들어가 훈련을 받고 일본 선교사로 가겠다고 하는 게 아닌가! 당시 남편은 그 선교회의 후원회 회장직을 맡아 농협과 교회에서 모인 후원금을 전달하는 일을 하고 있었다. 그러다보니 남편이 일본어를 잘한다는 걸 알게 된 간사들이 당시 총재였던 김준곤 목사님에게 말했던 모양이었다.

마침 일어를 잘하는 젊은 평신도로서 일본의 도쿄대학이나 와세다대학에서 사역할 간사를 찾고 있던 차에 남편에 대한 말이 오갔다(일본으로 연수를 갔을 때 일본 사람이 재일교포냐고 물을 정도로 남편은 일어에 능숙했다).

그 무렵 우리를 전도한 손세만 씨가 직장을 그만두고 선교사로 파송된 상태였다. 남편은 "내가 이렇게 준비된 것은 이때를 위함이 아니겠느냐"라고 나를 설득했다. 하지만 내게는 생각해볼 가치도 없는 일이었다.

"아니, 당신이 신학교를 나왔어요? 예수를 믿은 지 얼마나 됐다고 이래요. 아무래도 좀 이상해진 것 같아요. 당신은 두 가정을 책임져야 할 가장이잖아요. 그렇게 선교사로 가고 싶으면 나와 이혼하고 가세요."

당시 남편은 우리 가정과 돌아가신 큰 형님의 가정까지 돌보고 있었다. 내가 강하게 반대하자 남편은 자신이 서원하고, 김준곤 목사님과 약속했던 걸 포기했다.

날벼락 같은 진단

그러던 어느 날, 남편이 아프기 시작했다. 처음에는 동네 병원에서 고칠 수 있을 줄 알았는데 큰 병원으로 옮기라고 했다. 그래서 세브란스병원으로 옮겨 여러 가지 검사를 받았다. 우여곡절 끝에 병명이 밝혀졌는데 결장암이었다. 수술을 당장 받아야 했지만 가스가 나오지 않고 장이 부은 상태라 받을 수가 없었다.

그렇다고 더 미룰 수도 없는 상황이라 죽어도 수술하고 죽겠다는 각오로 교인들에게 기도 부탁을 하고 수술대에 올랐다. 원래는 장이 부어 있을 때 수술을 하면 열이 올라 장이 괴사할 수도 있기 때문에 가급적 수술을 해서는 안 된다(이런 위험 요인이 있었지만 수술을 미룰 수는 없는 상황이었다).

그럼에도 교인들과 농협 직원들의 기도 덕분에 수술할 수 있었고, 다행히 열이 오르지 않아 남편은 기적처럼 목숨을 건졌다. 그러나 장을 이을 수 없어서 인공항문을 옆구리로 빼내 평생 대변을 받아내며 살 수밖에 없게 되었다.

처음에는 목숨을 건진 것만으로도 감사했다. 그런데 점점 느껴지는 생활의 불편함이 이루 말할 수가 없었다. 그때 남편은 농협대학에서 강의를 하고 있었는데 그 상태로는 도저히 할 수가 없어서 의사에게 장을 다시 이어달라고 했다.

의사가 우리에게 주의를 주었다.

"다시 배를 열었다가 다른 곳에 암이 있으면 그때는 장을 옆구리로 빼지도 못하고 죽게 됩니다. 힘들어도 그냥 살아가십시오. 그렇게 사는 사람들도 많습니다."

하지만 남편이 고집을 피우자 석 달 만에 의사가 "모험을 해보자"라고 해서 다시 수술에 들어갔다. 다행히 다른 부위에 암이 없어서 장을 이을 수 있었고, 다시 변이 나왔다. 그래서 남편과 나는 교회에 가서 간증을 하기도 했다.

그런데 죽을 수밖에 없었던 남편을 하나님께서 살려주시고 장을 다시 이어주셨음에도 그 감사가 6개월을 넘질 못했다. 감격이 점점 희미해지면서 또다시 옛날의 모습으로 돌아갔다.

그러던 어느 날, 남편이 항문에서 피가 난다고 했다. 주치의에게 연락했더니 심각한 건 아닐 거라고 말했다. 매달 정기검진을 하는데 지난달에도 아무 이상이 없었기 때문이다.

그래도 남편은 계속 통증을 호소했다. 우리는 다시 병원에 갔고, 한 달 동안 여러 가지 검사를 했다. 그런데 놀랄 만한 결과가 나왔다. 임파선에도 전이가 안 되었던 암이 수술한 부위에서 콩알만 하게 전이가 되어 직장암이 되어 있었던 것이다.

즉시 방사선과로 가라고 해서 갔더니 직장암은 방사선 치료를 할 수 없다고 했다. 뇌종양이나 유방암이나 폐암 등은 방사선 치료를 하면 어느 정도 효과가 있지만 직장암의 경우는 장이 굳어져서 터질 수 있다고 했다.

우리는 의사에게 사정했다.

"병원에서 아무것도 할 수 없다고 하면 저희는 어떻게 합니까? 남편은 아직 마흔도 안 됐는데 치료도 한번 못해보고 잘못되면 어쩌나요?"

내가 울며 매달렸더니 치료 동의서를 받고서야 방사선 치료를 해주었다. 그래서 40회에 걸쳐 장이 굳어질 때까지 치료를 받았다.

남편은 직장에서 쾌속 승진으로 좋은 보직을 맡으며 능력을 인정

받던 사람이었다. 또 교회에서는 모든 일에 솔선수범했다. 그리고 내 친구들도 그가 성격이 좋고 잘 생겼다며 나를 부러워했다. 그런 그가 36세에 결장암에 걸리고, 1년 후에 직장암으로 전이되어 죽어 갈 줄은 꿈에도 생각하지 못했다.

2장

잊을 수 없는 약속

사라지지 않는 질문

사람들이 병원전도사인 내게 이런저런 질문을 한다. 그중에서도 가장 많이 하는 질문이 있다.

"다른 사람들보다 착하게 살았다고 생각하는데 왜 이런 아픔을 겪어야 하죠?"

나는 그들이 묻는 질문에 대답을 해줘야 한다.

내가 재활학교 아이들을 가르치던 1990년까지만 해도 사회적으로 장애 아동에 대한 의식과 배려가 거의 없었다. 그래서 그들을 집에 숨겨두다시피 하며 키웠다. 또 그런 아이들을 가르치는 학교가 전무했고, 연세 재활초등학교가 유일했다. 그러다 보니 초등학교에 평균 10,11세쯤 입학해서 17,18세에 졸업하는 학생들이 많았다. 18세에 초등학교를 졸업하던 한 남학생이 내게 물었다.

"전도사님, 저는 태어나자마자 허리를 다쳐서 하반신 마비가 되었어요. 저 때문에 아빠가 충격을 받아 심장마비로 돌아가시고, 엄마와 누나랑 셋이 살았어요. 그러다 엄마마저 유방암으로 한쪽 팔을 절단했고, 지금은 의수를 끼고 계세요. 엄마가 포장마차를 하는데 팔이 하나 밖에 없다 보니 사람들이 잘 오지 않아요. 우리는 모두 착하게 사는데 왜 저는 장애를 입고, 아빠는 죽고, 엄마마저 장애인이 되어야 하죠? 하나님이 정말 살아 계신 걸까요?"

식은땀을 흘리면서 한 마디 한 마디를 뱉어내던 뇌성마비 여학생도 내게 물었다.

"저는 온몸이 뒤틀리는 뇌성마비로 태어났어요. 엄마는 고쳐보겠다고 여기저기에 있는 기도원에 저를 업고 다녔어요. 그러다가 제가 기도원에서 성폭행을 당했어요. 그 충격으로 엄마는 정신이 이상해져서 지금은 요양원에 계세요. 선생님, 저는 하나님이 계신지 모르겠어요. 저를 정말 사랑하고 계신 걸까요?"

이런 어려움을 겪는 건 이 아이들뿐만이 아니다. 몸이 아파서 입원한 목사님과 장로님들도 공동체에 덕이 되지 않는다는 생각 때문에 정신적인 고통이 가중되는 듯하다. 사람들이 이렇게 말한다고 한다.

"목사님도 아프세요?"

"장로님, 기도하시는데 왜 안 나으세요?"

내 남편이 아팠을 때, 친척들에게 수없이 들었던 말이다.

"예수를 그렇게 열심히 믿는데 왜 암에 걸렸느냐?"

"왜 암이 낫지를 않느냐?"

우리를 위로하기는커녕 더 압박해왔다. 심지어 종교를 바꿔 제사를 지내지 않아서 그렇게 된 거라는 말까지 오갔다. 그때 내게도 이런 생각이 들어왔다.

'하나님이 살아 계신데 남편이 왜 이런 고통을 당해야 하는 겁니까? 그는 새벽기도에 빠진 적이 없었고, 헌금을 내는 걸 아까워하지 않았고, 즐겁게 봉사하던 사람이었습니다. 또 저만 허락했다면 일본에 선교사로도 갔을 거예요. 만약 죄를 지어서 아픈 거라면 제가 아파야 하는 게 아닙니까? 남편이 헌금을 내는 걸 방해하고, 선교지로 가려면 이혼하고 가라고 하고, 새벽기도도 매일 가지 말자고 한 건 저인데 왜 남편이 아파야 합니까?'

나는 하나님께 이런 질문을 수없이 했다. 남편은 큰 수술만 3번을 했고, 40번의 방사선 치료를 받았다. 그러고도 암이 재발되자 병원에서도 두 손을 들었다. 더 이상 해줄 게 없으니 남편을 데리고 나가라고 했다.

지금은 '완화 치료'(통증 치료)라는 게 있어 통증을 줄여줄 수 있지만 당시에는 그런 치료도 없었다. 병원에서 치료할 수 없으면 집에 가서 진통제를 먹으며 사는 날까지 살아야 하는 게 전부였다. 남편에게도 진통제를 처방해줬다. 나는 남편의 손을 잡고 병원을 나오며 '눈앞이 캄캄하다는 게 이런 거구나' 하고 느꼈다. 눈물이 앞을 가려 제대로 걸을 수조차 없었다. 남편도 모든 걸 눈치채고 어깨가 축 늘어진 채 병원을 나섰다.

가짜 치유자

남편은 변의를 느껴도 배변을 할 수가 없었다. 수도 없이 화장실에 가지만 매번 허탕을 쳤다. 그래서 아빠가 화장실에 가면 두 아이가 고사리 같은 손을 모으고 꿇어 앉아 기도했다.

"하나님, 아빠가 똥을 좀 누게 해주세요. 똥이 안 나오면 아빠가 죽어요."

건강한 사람들이 하루에 두세 번씩 시원하게 볼 수 있는 배변이 직장암 환자에게는 기적 같은 일이었다. 그렇게 우리는 기도하면서 하루하루를 보냈다.

의사가 말했던 2,3개월이 지났지만 남편은 죽지 않았다. 하지만 얼마나 고통스러워하는지, 그 모습을 지켜보다가 진통제의 양을 늘려보자고 내가 말했다. 그러자 남편이 말했다.

"진통제를 먹고 견디면 나중에는 그것에 의지해서 죽게 돼. 먹지 않고 견뎌야 기적이 일어날 수 있을 거야."

지금 생각하면 우리는 참 미련했다. 그때는 진통제를 먹지 않으면 기적이 일어날 거라고 믿었다.

병원에서 치료할 방법이 없다고 하자 교인들이 여기저기 기도원을 소개했다. 예전 같으면 가지 않겠다고 손사래를 쳤겠지만 남편의 병이 나을 수만 있다면 어디라도 달려갈 수 있었다.

그래서 한 기도원에 가게 되었다. 사람들이 많이 모여 있었고, 우리는 맨 뒤에 앉았다. 그런데 목사님이 남편을 보더니 앞으로 나오라고 했다. 주변에 있는 사람들이 우리에게 '오자마자 횡재했다'라고 하면서 빨리 나가라고 했다. 우리도 기대하면서 앞으로 나갔다. 목사님이 남편에게 자기소개를 시켰다. 그런데 갑자기 말하고 있는 남편의 머리를 주먹으로 때렸다.

"대가리 속에 지식만 가득하고 믿음이 하나도 없구나."

너무 모욕적인 말이었다. 그러나 우리는 절박했기에 그녀의 발 앞에 꿇어 앉아 애원하다시피 했다.

"우리의 믿음 없음을 불쌍히 여겨주시고, 제발 안수기도를 한 번만 해주세요."

그렇게 안수기도를 받고, 그다음 날도 또 받았다. 하지만 남편의 병은 낫지 않았다. 우리는 그 모든 게 거짓이었다는 걸 나중에야 알게 되었다. 그날 우리를 앞으로 불러낸 것도 기도원의 홍보 효과를 위해서였다. 말기 암 환자도 고침을 받으러 온다고.

우리는 큰 상처를 받고 다시는 기도원에 가지 않겠다고 다짐했다. 교인들에게도 기도원을 소개하지 말라고 했다. 그런데 우리가 가지 않았더니 그들이 찾아오기도 했다.

어느 날, 초인종 소리가 나서 나가 보니 두 남자가 성경책을 들고 서 있었다. 내가 물었다.

"누구세요?"

한 남자가 말했다.

"우리는 기도하는 주의 종들인데, 기도하는 가운데 이 집에 신실한 분이 아프다는 하나님의 계시를 받고 찾아왔습니다."

마치 베드로가 고넬료의 집에 찾아온 것 같았다.

'아, 기적이 일어나길 기다리니까 드디어 하나님께서 사람을 보내주셨구나.'

나는 그들이 너무나 반가웠다.

"얼른 들어오세요."

집에 들어온 그들은 집안을 훑어보더니 말했다.

"이 집의 조상들이 예수를 믿지 않았지요? 가계에 저주가 흐르고 있어요. 조상 귀신을 당장 쫓아내야 합니다."

그러더니 남편에게 누우라고 하고는 눈을 막 찌르기 시작했다. 눈으로 귀신들이 나온다고. 남편이 아프다고 소리를 질렀다.

"지금 빨리 현관문을 여세요. 용이 나가고 있어요."

잠시 후에는 또 뱀이 나간다고 창문을 열라고 했다. 지금 생각하면 황당하고 어이가 없지만 당시에 가계의 저주에 대한 책들이 많이 나와 있어서 나는 혹시나 하고 기대를 했다.

그러고는 남편의 목을 누르기 시작했다. 그러자 남편의 입에서 이상한 소리가 나왔다.

"평소 남편의 목소리입니까?"

"아니요."

"이것은 귀신의 목소리입니다."

그들은 남편의 몸에서 귀신들이 다 나갔기 때문에 깨끗이 나을 거라고 말했다. 그러면서 믿음이 중요하니 무조건 믿으라고 했다. 믿지 않으면 모든 게 헛되다면서.

모든 의식(?)을 마친 그들이 나가려는 채비를 할 때, 나는 수표를 넣은 봉투를 들고 배웅을 했다. 남편이 내게 말했다.

"네가 영성은커녕 이성마저 잃었구나. 눈을 찌르는데 당연히 아프지, 또 목을 누르는데 쉰 목소리가 나올 수밖에 없지."

아픈 것도 힘든데, 우리에게 접근하여 자신들의 호주머니를 채우는 가짜들이 많았다.

또 한번은 한 교인이 와서 말했다.

"어느 기도원에 직장암만 치료하는 은사자가 있대요."

지금은 교회 안에 그런 사람들이 별로 없지만 당시는 우리 모두 무지했다. 그래서 다시는 가지 않겠다고 했던 기도원에 또 가게 되었다. 그곳도 마찬가지였다(그래서 나는 환자들이 신유 은사자를 찾아가겠다고 하면 가장 탁월한 신유 은사자는 예수님을 믿는 의사라고 말하곤 한다).

절벽에서 드린 기도

많은 사람들이 기도원 원장이라는 목사의 말을 경청하고 있었다. 우리도 지푸라기를 잡는 심정으로 그 자리에 앉아 있었다. 그런데 그 원장이 성경 말씀을 희한하게 설명해서 의구심이 들었다.

'성경에 대해 잘 알지 못하고 설교하는 것 같은데 정말 목사가 맞을까?'

하지만 남편을 살리고 싶다는 마음에 꾹 참고 있었다. 그가 내게 말했다.

"네가 교만하여 남편이 낫지 않는다."

수시로 이런 억지 같은 말을 들었지만 나는 견뎠다. 또 기도원 원장이 밤에 집회를 마치고 집에 가면, 다음날 낮 동안에 기도원을 총괄하는 업무를 내게 맡겼다. 그곳에는 할아버지 목사님도 있었는데, 그가 내게 기도원의 일을 가르친다는 핑계로 자주 윽박지르고 혼냈다.

그러던 어느 날, 내가 성경 말씀을 전할 기회가 있었다. 그런데 내가 설교를 잘한다는 소문이 원장의 귀에 들어갔는지 나를 불러 놓고 불같이 화를 내며 말했다.

"오늘부터는 말씀을 전하지 말고 찬양만 인도해."

그러더니 큰 북을 내 앞에 가져다놓고 치라고 시켰다. 집회하는 동안 나는 남편을 살리고 싶은 마음에 북을 쳤다. 그러면서 통성

기도를 하는데 바로 앞에 앉아 있던 여자의 배가 불룩하게 나온 게 보였다. 내가 그녀를 위해 기도할 때 복수가 차 있다는 음성이 새어나왔다. 그러자 원장이 내게 다가와 북채를 빼앗아 그걸로 내 머리를 치며 말했다.

"복수가 아니라 가스가 찬 거야. 복수가 차면 죽어!"

육안으로 보기에도 가스가 아니라 복수가 차 있었다. 그리고 가스가 찼다면 변이 나오지 않아서인데, 그녀가 이미 화장실에 다녀왔다는 걸 나는 알고 있었다. 그래서 내가 말했다.

"아니에요. 저 여자 분은 복수가 찬 거예요."

그랬더니 원장이 북채로 계속 내 머리를 때렸다. 나는 억울한 마음이 들어 주변을 살폈다. 그때 안수기도를 받는 줄에 서 있던 남편이 눈에 들어왔다. 그 순간, 남편이 너무 미워서 다 버리고 도망치고 싶었다.

'많은 사람들 앞에서 아내가 이런 모욕을 당하는데 자기 혼자 살겠다고 저기에 서 있다니….'

그날 밤에 나는 산꼭대기에 혼자 올라갔다. 당시 상황에서 벗어나고 싶고, 하루 빨리 기도 응답을 받고 싶어서 절벽으로 올라갔다. 그렇게 죽기를 각오하고 기도하면 응답이 빨리 올 것 같았다.

거기서 나는 울부짖으며 기도했다.

"주님, 남편을 빨리 낫게 해주세요. 그게 아니라면 절 죽여주세요. 이렇게는 더 못 살겠습니다. 차라리 절 죽이시고, 남편을 살려 주세요."

그렇게 한참 기도하고 있는데 밑에서 부스럭거리는 소리가 들렸다. 남편이 온힘을 다해 기어 올라오고 있는 게 보였다. 그가 내게 말했다.

"왜 네가 나 대신 죽겠다고 그러니? 네가 죽고 내가 살면 그게 무슨 소용이 있어? 우리 그냥 내려가자."

"싫어, 나는 오늘 밤에 끝장내고 말 거야. 당신이 낫든지, 내가 죽든지 결판을 낼 거야."

그러자 남편이 "그래, 그럼 나도 기도해야지"라고 말했다. 그런데 직장암 환자가 차가운 바위 위에서 얼마나 버틸 수 있겠는가. 그가 아프다고 온몸을 비트는데 더는 고집을 피울 수가 없었다. 그래서 남편의 손을 잡고 내려오면서 기도했다.

'하나님, 제가 대신 아플 수도 없고, 도대체 어떻게 해야 하나요?'

차분하게 기도한 게 아니라 모진 소리를 섞어가며 하나님께 말했다. 그때 하나님께서 내 마음 속에 말씀하셨다.

'사랑하는 딸아, 네가 남편 대신 아프고 싶으냐, 그를 위해 대신 죽고 싶으냐? 내가 이미 너희를 위해 아팠고, 대신 죽었단다.'

순간, 예수님이 우리의 죄를 대신해서 고통 중에 돌아가신 십자가의 복음, 수없이 들었던 그 사랑이 내게 깊이 느껴졌다.

'하나님이 저를 대신해서 이렇게 아프셨습니까? 저를 대신해서 십

자가에서 돌아가셨습니까?'

나는 예수님의 크신 사랑을 느끼고, 눈물을 흘리면서 산에서 내려왔다. 그러자 남편이 그만 집으로 가자고 했다. 내가 말했다.

"지금 내려갈 거였으면 진작 갔지, 왜 여태까지 고생했겠어? 난 내려가지 않을 거야."

"내려가자. 이제 그만하자."

남편이 계속 나를 설득했다.

기도원에서는 기도 응답을 받지 않고 중간에 내려가면 좋지 않은 일이 생길 거라고 저주했다. 그래서 그 말을 듣는 게 두려워서 그냥 가려고 했는데, 남편이 인사를 하자고 했다. 역시 기도원 원장이 그에게 말했다.

"넌 내려가면 죽어. 내가 예언하는데 너는 죽을 거야!"

그러자 남편이 말했다.

"예언이 아니라 저주겠지요. 맞습니다. 나는 내려가면 죽을 겁니다. 여기서 내 아내가 당신한테 북채로 맞는 걸 보면서도 참았는데 이건 아닙니다. 아내를 때린 걸 사과하십시오. 나는 여기서 구차하게 사느니 내려가서 우리 교회의 목사님 품에 안겨서 죽을 겁니다. 이 세상에서 나를 가장 사랑하는 분은 누가 뭐라고 해도 우리 목사님입니다."

웃으면서 떠나겠습니다

우리는 기도원에서 내려와서 바로 담임목사님에게 갔다. 목사님을 뵙자 눈물이 핑 돌았다.

"목사님, 저희가 왔습니다. 이제 더 이상 기도원에 가지 않을 겁니다."

목사님이 말씀하셨다.

"잘 내려왔습니다. 사실은 제가 마음이 많이 아팠는데 차마 내려오라고 말할 수가 없었습니다. 그리고 미안합니다. 교회에서 아픈 사람을 위해 충분히 기도해주지 못해 기도원을 찾아다니게 한 건 모두 제 탓입니다."

그리고 일주일 후에 심방을 오셨다. 목사님은 남편이 며칠을 못 넘길 것 같다는 생각을 하셨는지 한참을 망설이다가 어렵게 말을 꺼내셨다.

"집사님, 그동안 기도를 많이 하셨지요? 집사님뿐만 아니라 교인들도 많이 기도했습니다. 우리 교회가 생긴 이래로 한 사람을 위해 이토록 오래 기도해보기는 처음입니다. 교회에서 드리는 모든 공적인 예배와 주일학교의 예배까지 한 번도 이 집사님을 위한 기도를 빠뜨리지 않았습니다.

한번은 나라와 민족을 위해서 기도하자고 했더니 오권애 권사님이 그 기도 뒤에도 이 집사님을 살려달라는 기도를 해서 다 울었습니다. 그 기도가 교인들의 입에 붙어 있게 되었습니다. 그런데 아무리 기도를 많이 한다고 해도 우리의 뜻과 하나님의 뜻이 달라서 만약에 하나님께서 이 집사님을 데리고 가신다고 작정하셨다면 그때도 예수님을 믿으시겠습니까?"

나는 고개를 흔들며 말했다.

"목사님, 왜 그런 말씀을 하십니까? 저희는 정말 열심히 기도했습니다. 그래서 의사가 2,3개월밖에 못 살 거라고 했지만 1년 8개월이나 버텼습니다. 그것도 진통제를 먹지 않고요. 그런데 남편이 죽다니요. 그래야 했다면 진작 죽었어야지요. 고생이란 고생은 다 시키고 데리고 가신다니요? 제가 믿는 하나님이 그렇게 잔인하신 분이라면 전 그런 하나님을 안 믿을 겁니다."

그런데 남편이 한참 망설이다가 말했다.

"목사님, 저는 정말 살고 싶습니다. 제 나이가 이제 마흔입니다. 아내도 젊고, 어린 자식이 둘이나 있고요. 그리고 세 살 위의 형이 서른일곱 살에 죽어서 혼자된 형수가 있고, 조카가 셋이나 있습니다. 저는 두 가정의 가장입니다. 반드시 살아야 합니다."

목사님이 고개를 끄덕이셨다. 한참 있다가 남편이 다시 말을 이었다.

"그런데 목사님, 제가 아무리 살고 싶고, 살아 있어야 할 이유가 있더라도 하나님께서 데리고 가신다면 웃으면서 떠날 것입니다. 다니엘서에 나오는 사드락과 메삭과 아벳느고의 '그리 아니하실지라도'의 고백이 오늘 제 고백입니다. 제가 죽게 된다면 남겨진 아내와 아이들은 하나님께서 책임져주실 것입니다. 저는 지금 죽어도 웃으면서 떠나겠습니다."

그때 나는 남편의 얼굴을 보았다. 병색이 짙었지만 두렵고 불안한 모습은 찾아볼 수가 없었다.

뒤늦은 깨달음

남편과 함께 투병하는 4년 동안에 나는 하나님의 은혜가 정말 크다는 걸 뼈저리게 느꼈다. 내가 너무나도 어리석었기에 고난과 역경과 환난 가운데서 비로소 그분의 은혜를 느낀 것이다.

남편은 교회에 가지 못하게 되자 라디오로 예배를 드렸다. 그 모습을 보면서 예배 시간에 사랑하는 성도들과 한 자리에 앉아 예배를 드리는 게 얼마나 큰 축복인지 알게 되었다. 우리는 교회가 무척 그리웠다. 그래서 다니엘이 바벨론에 포로로 잡혀간 뒤에 창문을 열어놓고 하루에 세 번씩 예루살렘을 향해 기도했던 것처럼 예배 시간이 되면 교회 쪽을 바라보며 기도했다. 얼른 나아서 교회에 가서 예배드리게 해달라고.

그때 우리가 했던 기도를 환자들이 똑같이 하고 있다. 세브란스 병원은 매일 오전 11시가 되면 환자와 보호자를 위한 기도회를 알리는 방송을 한다. 그리고 주일예배도 세 번이나 드리고, 수요예배도 드린다. 또 하루 종일 스피커에서는 찬송이 흘러나오고, 곳곳에 성경 말씀이 적혀 있다. 그러나 환자들은 하나같이 자기 교회를 그리워한다.

"내가 앉았던 예배당의 그 자리에 누가 앉아 있을까요?"

"우리 목사님이 보고 싶어요."

"내 생전에 우리 교회에 돌아갈 수 있을까요?"

어떤 환자는 죽어가면서 이렇게 말했다.

"제가 죽거든 시신이나마 교회의 마당을 한 번 밟고 가게 해주세요."

결국 영구차가 교회 마당을 한 바퀴 돌고 갔다.

병원에서 같이 일하던 36세의 수간호사가 5월에 폐암 진단을 받고 그해 10월에 죽으면서 이런 말을 했다.

"전도사님, 시간이 많을 줄 알았습니다. 암에 걸려서 젊은 나이에 죽을 줄은 정말 몰랐습니다. 주일학교 교사를 하라고 하면 나중에 한다고 했는데 이럴 줄 알았다면 열심히 봉사하고 남을 위해 기도도 많이 할 걸 그랬어요. 제게 남은 시간이 이렇게 짧을 줄 몰랐어요."

남편과 투병하면서 또 한 가지를 깨달았다. '물질은 내 것이 아니다'라는 것이다. 나는 남편에게 헌금은 적당히 하고, 심지어 십일조는 하지 말자고 했다. 그때는 물질이 내 것이라고 생각했기 때문에 남편이 내려는 헌금을 빼앗아서 열심히 저축했다.

당시에 강남 8학군인 대치동의 은마아파트를 분양한다는 공고를 보고, 아이들이 더 크기 전에 이사하겠다고 악착같이 돈을 모았다. 그런데 그곳에 갈 만큼 돈이 모였을 때 남편이 암으로 쓰러졌다. 가장이 아프니까 집안이 기울어지는 건 시간 문제였다.

그 돈을 다 쓰고 수술비가 없을 때, 교인들이 모금을 해서 가지고 왔다. 나는 그 봉투를 붙들고 화장실에서 통곡했다.

"돈이 많으면 잘살 줄 알았는데 하나님 없이는 만 원짜리 한 장도 손에 쥘 수가 없습니다. 제 어리석음을 이제야 깨달았습니다."

그때 내가 했던 고백을 환자들이 하고 있다.

"아파서 이렇게 헛되이 돈을 쓸 줄 알았더라면 인색하게 살지 말걸…."

"헌금과 십일조를 열심히 할 걸…."

우리는 언제나 선한 청지기 된 마음으로 살아야 한다.

재력이 있는 부모가 중환자실에 입원하면, 그 앞에서 싸우는 자식들을 종종 본다. 심지어 그들은 영안실 앞에서도 싸운다. 나중에 유산 문제로 법정에 서게 됐다며 내게 증인을 서 달라고 한 적도 있다. 반대로 돈이 없는 부모가 돌아가시면 "어머니가 고생을 많이 하셨다, 아버지가 정말 힘들게 사셨다"라고 하며 형제 우애가 더 깊어지는 걸 많이 봤다.

물질은 내 것이 아니니 적당히 쓰고, 나머지는 좋은 일에 쓰거나 교회에 헌금하면 하나님께서 반드시 그 자녀들을 축복해주시리라 나는 믿는다.

교회에서 봉사할 때도 내가 달란트가 많아 교사나 성가대원이나 구역장을 하는 줄 알았다. 그래서 걸핏하면 하지 않겠다고 유세를 부렸다. 연말이 되면 "목사님, 저 구역장을 내려놓겠습니다"라는 말을 참 많이 했다. 남편에게도 성가대원이나 교사 중에 하나만 하라고 종용하기도 했다.

그런데 아프고 나니 내가 하고 싶어도 할 수가 없었다. 봉사도 주님의 은혜로 하는 것이다. 우리에게 주신 선물이다. 내 목숨도 내 것이 아니다. 부모와 배우자와 자녀도 마찬가지다. 그런데 나는 남편이 내 것인 줄 알고, 하나님께서 그를 선교사로 쓰겠다고 하실 때 안 된다고 했다. 그것은 정말 내 큰 착각이었다.

부활 때 다시 만나자

남편이 떠나고 이사를 가기 위해 서재를 정리하다가 그의 강의 노트를 발견했다. 한 장씩 넘기며 남편에 대한 그리움을 삭이고 있는데, 여백에 이런 글귀가 적혀 있었다.

'내가 태어날 때, 나는 울었지만 주위 사람들은 웃었다. 내가 죽을 때, 주위 사람들은 울겠지만 나는 웃으면서 그분께 갈 것이다.'

자신의 죽음을 예감한 낙서였다. 남편은 웃으면서 떠나겠다고 했다. 그 고백을 한 지 사흘 후에 그는 숨이 차오른다면서 구급차를 불러달라고 했고, 담임목사님에게도 연락해달라고 말했다. 중환자실에 가면 예배를 드릴 시간이 없으니 집에서 예배를 드리고 가고 싶다고 했다. 내가 말했다.

"사흘 전에 다녀가셨는데 어떻게 또 오시라고 해? 부목사님한테 부탁할까?"

"아니, 담임목사님을 마지막으로 꼭 뵙고 싶어."

그래서 교회에 급히 연락했더니 목사님이 새벽기도가 끝나는 대로 교인들과 함께 오시겠다고 했다. 내가 전화를 끊자마자 남편이 화장실에 데려가 달라고 했다.

남편은 평소에 기저귀에 변을 잘 보지 못했다. 그래서 자주 화장실로 데려가 달라고 했다.

"여보, 화장실에 가자, 빨리…."

그러면 나는 짜증을 내며 말했다.

"잠 좀 자자. 나도 좀 살아야 할 거 아냐!"

당시 나는 어리기도 했지만 생활 전선에서 바쁘게 살다 보니 늘 지쳐 있었다.

그날도 화장실 변기에 남편을 앉혀놓고 쓰러지지 않게 붙잡고 서 있는데(당시 그는 변기에 혼자 앉아 있지 못할 정도로 쇠약해 있었다), 그 순간, '둘만의 시간이 이게 마지막이 되겠구나' 하는 생각이 들었다. 평소에 나는 자존심이 강해서 잘못한 게 있어도 먼저 미안하다는 말을 하지 않았다. 언제나 남편이 먼저 사과를 하면 그제야 말하곤 했다.

그런데 마지막이라는 느낌이 들자 그에게 용서를 빌어야겠다고 생각했다(그때 하나님께서 기회를 주신 게 얼마나 감사한지 모른다). 그래서 남편 앞에 무릎을 꿇고 말했다.

"우리가 부부로 산 세월이 12년인데 내가 그동안 스트레스를 많이 줘서 당신이 병에 걸린 것 같아. 또 내가 간호를 잘 못해서 당신이 잘못된 것 같아. 그동안 당신의 마음을 아프게 하고, 당신의 부모와 형제들에게 잘못했던 것, 정말 미안해요. 여보, 나를 용서해 줘요."

남편이 있는 힘을 다해 나를 끌어안으며 말했다.

"용서를 빌 사람은 당신이 아니라 나야. 가난한 집에 시집와서 고생만 했는데 내가 죽고 나면 아이들을 데리고 얼마나 힘들겠어. 이렇게 가는 나를 용서해줘."

우리는 그렇게 서로 용서를 주고받았다. 남편이 말했다.

"이 다음에 부활할 때 다시 만나자."

그러고 나자 담임목사님이 오시고, 구급차도 왔다. 우리는 서둘러 예배를 드리고 차에 탔다. 그런데 차가 막 마당을 나서려는 순간, 남편이 숨을 크게 한 번 몰아쉬더니 눈을 뜬 채 하나님의 품에 안겼다. 나는 그런 그를 흔들며 소리를 질렀다.

"여보, 안 돼! 이렇게 가버리면 어떡해! 주님, 살려내세요. 죽은 나사로도, 나인 성 과부의 아들도, 회당장 야이로의 딸도 살리셨으니 제 남편도 살리실 수 있잖아요. 남편을 살려내세요!"

거의 이성을 잃어가는 나를 담임목사님이 꼭 잡아주셨다. 구급차가 가다가 멈추니 밖에 있던 딸아이가 차 위로 뛰어올라왔다. 아빠를 안고 우는 엄마를 보고 딸도 아빠를 끌어안고 울다가 그의 눈을 감기며 내게 말했다.

"엄마, 아빠는 죽은 게 아니고 잠자는 거야. 부활할 때 우리는 다시 만날 수 있을 거야."

그러면서 새끼손가락을 내밀며 내게 말했다.

"아빠는 죽었지만 엄마는 아빠처럼 병든 사람들을 위해 평생을 바치겠다고 나와 약속해."

나는 울면서 예수님을 믿지 않겠다고 소리를 지르는데, 어린 딸은 그런 말을 하고 있었다. 그때 목사님이 아이의 말을 듣고 말씀하셨다.

"아이의 음성이 아니고, 하나님의 음성이라고 여기고 빨리 약속하세요."

나는 마지못해 딸의 손가락에 내 손가락을 걸고 약속했다. 그런데 믿지 못할 일이 벌어졌다. 바로 그때, 하나님이 살아 계신다는 게 내게 정말 믿어졌다. 그분이 나를 사랑하심과 부활이 믿어졌다. 믿음은 선물인 것이다.

잊을 수 없는 약속

장례를 치른 후에 내가 딸에게 물었다.

"아빠가 죽었을 때, 엄마한테 왜 그런 약속을 하자고 했어?"

딸이 말했다.

"아빠가 죽어가는 몸을 이끌고 전도하는 걸 우리가 다 봤잖아요."

정말 남편은 병든 몸으로 전도했다. 그가 말했다.

"이대로 죽을 수 없어. 한 영혼이라도 전도하고 죽어야 해."

나는 어이가 없었다.

"그 모습으로 어디에 가서 누구에게 전도하겠다는 거예요? 거울을 봐요. 당신의 모습을 보라고요. 예수를 믿고 싶다가도 당신을 보면 도망갈 거예요. 병이 다 나으면 전국에 다니며 간증하고 전도합시다."

그러자 남편이 말했다.

"병이 다 나은 사람만 간증하고 전도할 수 있다고 생각해? 그렇지 않아. 성경 말씀에 때를 얻든지 못 얻든지 복음을 전하라고 하셨잖아. 병든 사람도 전도할 수 있어."

그러면서 남편은 병원에 가서 전도하겠다고 했다. 자기가 아픈 사람이기 때문에 그런 사람들끼리는 통하는 게 있다면서…. 나는 도저히 그를 말릴 수가 없었다.

하루는 혼자 차를 타고 가기가 힘든지 같이 가주면 안 되겠냐고 내게 부탁했다. 나도 혼자서는 할 수 없을 것 같아 한 권사님과 함께 남편을 부축하여 을지로에 있는 메디컬센터로 갔다. 그날, 나는 처음으로 남편이 전도하는 모습을 보았다.

그가 다인실로 들어가 환자들 앞에 서서 말했다.

"여러분, 저를 보세요. 저는 병원에서도 받아주지 않는 직장암 말기 환자입니다. 여러분들은 입원이라도 할 수 있어서 얼마나 다행입니까? 전 지금 기저귀를 차고 있습니다. 하지만 저는 예수님을 믿기에 죽어도 하늘나라에 갈 수 있어 감사하고, 또 살아도 감사합니다. 아프면 누구를 의지하십니까? 제가 믿는 예수를 여러분들도 믿기를 바랍니다."

사람들이 어이없다는 표정으로 남편을 쳐다봤다. 혀를 끌끌 차는 소리도 들렸다. 나는 부끄러워서 차마 얼굴을 들 수가 없었다. 남편을 끌고 나오자 옆에 앉아 있던 한 아주머니가 친정아버지냐고 물었다. 당시 남편의 핏기 없는 주글주글한 피부는 영락없는 노인의 모습이었다. 나는 남편을 병원의 복도 끝으로 데려가 말했다.

"당신, 지금까지 전도를 이런 식으로 한 거예요? 그렇게 해서 예수를 믿겠다는 사람이 한 명이라도 있었어요? 당신은 전도를 한 게 아니라 하나님의 영광을 가리고 돌아다니는 거라고요. 예수를 믿고 암에 걸린 게 자랑이에요? 낫지 않은 게 자랑이냐고요. 다 나았다고 해도 믿을까 말까인데 아프다고 하는데 누가 예수를 믿겠냐고요! 전도가 그렇게 하고 싶으면 다 낫거든 해요."

그러자 남편이 말했다.

"내가 거짓말을 못하는 걸 당신이 더 알잖아. 아프면 아픈 대로, 낫지 않으면 낫지 않은 대로 정직하게 전도할 거야."

내가 화를 내며 말했다.

"융통성 없는 소리를 좀 하지 마요. 아무도 안 믿을 거라고요. 헛고생하지 말라고요!"

남편이 말했다.

"이 세상에서 가장 큰 힘은 진실함이야. 진심으로 사람들에게 복음을 전하고 싶은 간절한 마음만 있다면 내 모습 이대로 하나님께서 사용하실 거야. 그러니 다시 한 번 가보자. 죽어가는 사람의 소원이다."

그래서 나는 마지못해 병원 전도에 끌려 다녔다. 그런데 기적이 일어났다. 갈현동의 일신병원에 갔을 때였다. 우리가 세 번째로 방문했을 때, 어떤 아저씨가 남편에게 말했다.

"선생님, 또 오셨어요? 이제 그만 오십시오. 지금까지 예수를 믿으라고 많은 사람들이 얘기했지만 전 절대 안 믿었습니다. 그들이 제 고집을 못 꺾었지요. 예수를 믿고 병이 나았다고 해도, 부자가 됐다고 해도 안 믿었습니다. 그런데 선생님처럼 아프다고 말하면서 전도하는 사람은 처음 봤어요. 그렇게 정직하게 말할 수 있는 사람이 전하는 그 예수는 진짜인 것 같습니다. 어떻게 해야 제가 예수를 믿을 수 있는지 가르쳐주십시오."

믿을 수 없는 광경이 내 눈앞에서 벌어진 것이다. 남편의 말이 맞았다. 세상에서 가장 큰 힘은 진실함이었다. 영혼을 구원하고 싶은 간절함만 있다면 우리의 모습이 어떠하든지 하나님께서 사용하신다. 그 이후부터 나는 아무 말없이 남편을 따라다녔다. 아이들도 전단지를 만들어 함께 다니기도 했다.

1988년 5월 29일, 은광교회의 총동원전도주일에 남편은 기저귀를 차고 비틀거리면서 새신자 46명을 데리고 왔다. 그날 남편은 전도 상패를 받았다(이것은 자자손손 물려줄 우리 집의 최고 가보다). 온 교인들이 일어서서 박수를 쳤다. 딸이 그런 모습을 다 봤기에 내게 병든 자들을 위해 평생을 바칠 약속을 하라고 한 거였다.

그때 남편이 전도했던 아이들이 자라서 주일학교의 교사, 안수집사, 장로가 되었다. 남편은 중등부 교사를 오래 했다. 주일 아침마다 딸과 아들은 두고, 자기 반의 아이들을 깨우려고 그들의 집 앞에서 이름을 부르곤 했다. 그러면 내가 옆에서 잔소리를 했다.

"중학생이 교회에 가는 길을 모를까 봐 소리를 지르는 거예요?"

남편이 말했다.

"중학생이라도 부모가 교회에 다니지 않으면 주일에 일어나서 오기가 힘들어. 그런데 깨우면 마지못해서라도 나온다고."

그렇게 한 주도 거르지 않고 아이들을 깨우러 다녔다.

그런 아이 중의 한 명을 나중에 내가 미국 집회에 갔을 때 만났다. 그 아이는 목사 사모가 되어 있었다. 지금도 남편이 전도했던 친구들과 동네 사람들이 또 다른 사람들을 전도하고 있을 것이다.

누군가 내게 말했다.

"당신 남편은 참 억울한 인생을 살았군요. 마흔의 젊은 나이에 죽었다면서요? 평균 수명의 절반도 못 살았네요."

하지만 나는 그렇게 생각하지 않는다. 이 땅에서 백수(白壽)를 누렸다 하더라도 예수를 믿지 않고 죽었다면 그거야말로 억울한 인생일 것이다. 한 명도 전도하지 않고 죽었다면 참 부끄러운 구원을 받은 것이다.

남편은 비록 짧은 생을 살았지만 마지막 순간까지 한 영혼이라도 더 전도하기 위해 안간힘을 쓰다가 떠났다. 하나님께서는 그 믿음을 귀히 여기셔서 그가 떠난 지 26년 넘게 내가 전 세계를 다니면서 그의 믿음을 자랑하게끔 갚아주셨다.

3장

버릴수록 채워주신다

보이지 않는 길

남편이 떠난 후 딸과의 약속을 지키기 위해 나는 병원전도사가 되기로 결심했다. 당시 세브란스병원의 원목실장인 김기복 목사님이 병원 목회를 하려면 임상목회상담 공부가 필수라고 하셨다. 그래서 실습을 하면서 연세대 연합신학대학원에서 고위자과정인 임상목회 과정을 공부했다.

그런데 1992년 2월에 신학교를 졸업했는데 세브란스병원에 빈자리가 없어 정식 전도사가 될 수 없었다. 원목실에서 병원 측에 계속 요청했지만 받아들여지지 않았다. 그러자 원목실장님이 내게 미안했는지 좋은 교회를 소개해주겠다고 했다. 사람들이 내게 병원에 자리가 없으면 교회로 옮기는 게 어떠냐고 제안하기도 했다.

당시 은광교회에 새로 오신 이동준 담임목사님이 '김종대 목사님 기념도서실'을 만들었는데 내게 일해줄 수 있냐고 요청하셨다. 교회에서 급여를 줄 테니 교인들을 상담하며 사역해달라고 하셨다. 또 나를 위해 기도해주던 권사님들이 "기도했는데 너는 병원전도사가 아니라고 한다"라고 말하기도 했다. 그동안 나를 위해 중보하고 후원해주던 이들의 말이어서 무시할 수가 없었다. 그래서 내 안에 갈등이 생겼다.

'하나님은 왜 내게는 아무 말씀도 하지 않으실까?'

내가 직접 하나님의 음성을 들어야겠다는 생각이 들었다. 그런데 아무리 기도해도 응답이 오질 않아서 다 포기하고 싶었다.

하루는 병원 예배실에서 울며 하나님께 기도했다.

'하나님, 지금까지 병원전도사가 되려고 훈련도 받고, 어렵게 임상목회 과정도 마쳤는데 자리가 없다고 합니다. 저는 이제 교회로 가야 합니까, 병원전도사가 제 길이 아닌가요?'

지금까지 병원전도사가 되겠다고 버텨온 게 어리석게만 느껴졌다. 그런데 한 선배 전도사가 나를 찾아왔다.

"재활병원에서 전도사를 공개 채용한다는 공고가 났는데 김 전도사가 0순위겠네요."

정신없이 뛰어가 공고문을 봤다. 그런데 채용 기준에 '신규직원 35세 미만'이라는 조건이 눈에 들어왔다. 그때 내 나이가 37세였다. 0순위는커녕 자격 미달이었다.

사람들은 재활원에서 실습을 한 내게 선견지명이 있다고들 했다.

하지만 내가 어떤 미래를 예상하고 재활병원에 간 게 아니었다. 남편이 아팠을 때, 내가 병원 예배실에서 하도 울면서 기도하니 사람들이 시끄럽다고 했다. 그래서 실컷 울며 기도할 수 있는 곳을 찾아다니다 우연히 지금의 재활병원을 짓고 있던 자리를 발견했다.

나는 그 공사장 바닥에 엎드려 밤마다 남편을 살려달라고 울며 부르짖었다. 그래서 재활병원은 내게 '벧엘'과 같은 곳이다. 야곱이 형을 피해 도망을 나왔다가 지쳐 돌베개를 베고 잤던 곳, 하늘까지 닿는 사닥다리에 천사들이 오르락내리락 하는 걸 보고 하나님의 약속을 받은 곳.

그래서 나는 재활병원에서 꼭 일하고 싶었다. 그러나 현실은 지원서조차 내지 못할 상황이었다. 나는 원목실장님을 찾아갔다.

"저 병원이 지어질 때 공사장 바닥에 엎드려 남편을 살려달라고 기도했습니다. 그때처럼 이 병원의 환자들을 위해 눈물을 흘리겠습니다. 정식 직원이 되지 않아도 괜찮습니다. 병원전도사로 일할 수만 있다면 평생 실습생으로라도 열심히 일하겠습니다."

그러자 김기복 원목실장님이 난감해하며 말했다.

"인사 규정은 내 맘대로 바꿀 수 있는 게 아닙니다. 그러려면 인사위원회를 소집해야 하는데, 전도사 한 명을 뽑자고 소집할 수 있겠어요? 미안하지만 포기하세요. 대신에 내가 좋은 교회를 소개해 드리겠습니다."

어쩔 수 없는 상황에 낙담이 되었다. 그래도 마지막 작별 예배와 기도를 하기 위해 5층에 있는 예배실로 올라갔다. 그런데 기도가 나오질 않아 그저 멍하니 앉아 있었다.

'권사님들이 병원전도사가 내 길이 아니라고 말할 때 들을 걸, 좋은 곳에 취직시켜준다고 할 때 갈 걸…. 영성도 없는 주제에 하나님의 말씀을 직접 듣겠다고 버텼단 말인가!'

이런 생각을 하며 가슴을 쳤다. 그때 언젠가 봤던 영화 〈쿼바디스〉(Quo Vadis)의 한 장면이 떠올랐다. 베드로가 박해를 피해 로마를 떠나려고 할 때, 예수님이 나타났다가 사라지셨다. 베드로는 깜짝 놀라 "주여, 어디로 가시나이까"라고 여쭙자 예수님이 이렇게 말씀하셨다.

"네가 버린 로마에 내가 다시 들어가야 할 게 아니냐?"

나는 두 손을 들고 울며 기도했다.

"하나님, 전 이 병원을 못 떠납니다. 환자들을 두고 어떻게 떠납니까? 평생 무보수로 일해도 좋으니 이곳에 있게 해주세요."

그렇게 하나님 앞에 약속을 하고, 원목실장님을 다시 찾아갔다.

"아무리 생각해도 저는 못 떠날 것 같습니다."

"크는 아이들 생각도 하셔야지요. 생활은 어떻게 하시려고요?"

그래서 나는 집에 돌아와 아들과 딸을 앉혀놓고 말했다.

"얘들아, 미안해. 엄마가 그토록 기다리던 원목실의 전도사 자리가 났는데 나이가 많아서 실격이래. 그런데 엄마는 지금처럼 무보수로 일한다고 해도 병원에 남고 싶은데 어떻게 하면 좋을까?"

그러자 두 아이가 똑같이 말했다.

"엄마가 주면 먹고, 안 주면 굶을 테니까 하고 싶은 대로 하세요."

내 가장 든든한 후원자는 딸과 아들이었다. 아이들은 엄마를 전도사이자 간증자로 만들기 위해 많은 걸 희생해야 했다. 다른 집의 아이들이 명절에 떡국을 먹을 때, 둘이서 라면을 끓여 먹었고, 그 아이들이 계절에 맞게 옷을 입고 다닐 때, 우리 아이들은 그러질 못했다.

다음 날, 나는 용기를 내어 원목실장님을 또 찾아갔다.

"아이들한테 허락을 받아왔습니다. 제가 주면 먹고 안 주면 굶겠다고 합니다."

그가 한참 동안 나를 보더니 도저히 내 고집을 꺾을 수 없다고 생각했는지 서류를 준비해오라고 했다.

정식 전도사로 채용되다

그런데 내게는 따로 준비한 게 있었다. 보통 병원전도사들은 간호사 출신이 많다. 그렇지 않으면 병원에서 의사들이 하는 말을 잘 알아들을 수 없기 때문이다. 나 역시 처음에는 의학 용어가 낯설어 무슨 말인지 이해되지 않을 때가 많았다.

하루는 같이 일하는 곽수산나 전도사가 의사들이 하는 말을 이해하고 일처리를 하는 것 같아 그녀에게 물었다.

"저 말을 다 알아들을 수 있어요?"

"네, 따로 의학 용어를 공부했어요. 일반 정규직원들을 대상으로 하는 일 년짜리 코스가 있는데, 그걸 들으면 인사 고과에도 반영되고, 업무 능률도 올라가요."

나는 정직원이 아니었지만 배우고 싶은 마음에 청강할 수 있는지 물었더니 직원이 아니면 안 된다고 했다. 그러나 병원전도사가 되려면 환자의 차트 정도는 봐야 하고, 의사들이 하는 말은 알아들어야 한다고 생각하여 무조건 의과대학으로 갔다.

의대 조교가 내게 직번을 적으라고 했다.

"실습 중인 전도사라서 직번이 없어요."

그가 나를 위아래로 훑어보더니 물었다.

"왜 오셨어요?"

"청강하고 싶어서 왔습니다."

"그건 안 됩니다. 돌아가세요."

순간, 마음이 무척 상했지만 성령께서 강권적으로 역사하셨는지 자존심을 다 꺾고 구걸하다시피 했다.

"그럼 서서 듣겠습니다."

그는 어떤 대꾸도 하지 않았고, 나는 첫 강의를 서서 들었다. 그 다음 시간에도 또 갔다. 지난주에 배웠던 내용을 시험 보는 것으로 출석 체크를 하고 있었다. 그래서 나도 시험지를 달라고 했지만 주지 않았다.

"한 장만 주세요. 저도 공부해왔습니다."

마지못해 내게 시험지를 건넸다. 나는 강의실의 맨 뒤에서 시험을 봤다. 그런데 세 번 연속 만점을 받았다. 나를 거절했던 조교가 내 성적을 보고 말했다.

"해보십시오."

성적은 좋았지만 정직원이 아니었기 때문에 수료증과 인사 고과 점수를 주어야 할지 병원 측에서 고민했다고 한다. 그러다 청강생이고 실습생이지만 성적이 좋으니 수료증을 주자는 의견이 우세해 가까스로 의학 용어 과정을 수료하게 되었다. 나는 그것을 제출 서류에 함께 첨부했다. 그러자 원목실장님이 깜짝 놀랐다.

"언제 이런 걸 했어요?"

"실장님이 아시면 못하게 할 것 같아 몰래 했습니다."

그랬더니 그가 인사위원회에 부탁해보겠다고 했다. 그렇게 나는 비록 나이가 많았지만 3년간 헌신적으로 실습했다는 평가를 받고 여러 절차를 거쳐 정식 전도사로 채용되었다.

> 가난하여도 성실하게 행하는 자는 부유하면서 굽게 행하는 자보다 나으니라 잠 28:6

당시 실습하는 기간에는 병원에서 거의 돈을 받지 않고 일했다. 또 교회에서도 교육전도사로 있었기에 재정적으로 정말 힘들었다. 아낄 수 있는 건 최대한 아꼈다. 주기도문에서 '일용할 양식을 주시옵고'라는 구절이 내게는 정말 절박한 기도였다.

옷은 거의 남들에게 얻어 입었고, 화장품을 살 돈이 없어서 겨우 립스틱 하나만 바르고 다녔다. 그마저도 아끼고 싶었지만 입술을 바르지 않고 가면 환자들이 내게 아프냐고 물어보는 통에 꼭 바르고 출근했다. 그래서 내가 유일하게 샀던 화장품이 립스틱이었다.

그런데 어느 날, 그것마저 다 떨어졌다. 간신히 새끼손가락을 넣어 묻혀 바르고는 재활병원의 7층 화장실에 빈 통을 버리고 나왔다. 계단으로 5층쯤 내려왔을 때 눈물이 왈칵 쏟아졌다.

'아, 내 신세가 어쩌다 이렇게 되었을까.'

그런데 5층에서 한 간호사가 나를 불렀다. 정식 직원이 아니었기에 간호사들이 나를 잘 알지 못했다. 왜 부르는지 의아해하며 따라갔더니 전날 수원에 있는 아주대학에서 열린 세미나에 갔는데 우리 병원에서 그 대학병원으로 간 조혜성 간호사를 만났다며 그녀를 아냐고 물었다.

내가 잘 모른다고 했더니 그 간호사가 나를 만나면 주라고 했다면서 쪽지와 작은 물건을 내밀었다. 그 쪽지에는 '전도사님에게 잘

어울릴 것 같아서 선물을 보내드려요'라고 쓰여 있었다. 그런데 열어보니 조금 전에 내가 다 쓰고 버렸던 립스틱과 똑같은 제품이 들어 있는 게 아닌가!

그 선물을 받아들고 나는 통곡했다. 여호와 이레이신 하나님께서 그 간호사를 통해 예비하신 거였다. 그리고 내가 바르는 립스틱 색깔까지 아시는 세밀하신 하나님께 감사를 드렸다.

> 오늘 있다가 내일 아궁이에 던져지는 들풀도 하나님이 이렇게 입히시거든 하물며 너희일까보냐 믿음이 작은 자들아 … 이는 다 이방인들이 구하는 것이라 너희 하늘 아버지께서 이 모든 것이 너희에게 있어야 할 줄을 아시느니라 마 6:30,32

선물 같은 사람

하나님께서 우리에게 주신 건 모두 선물이다. 숨을 쉴 수 있는 것도, 듣고 볼 수 있는 것도. 그중에 가장 큰 선물은 예수님이시다. 우리가 죽어도 살 수 있는 선물을 주신 것이다. 그리고 그것은 영어 'present'의 뜻처럼 '선물'임과 동시에 '현재'이다. 지금 내가 여기 있는 게 가장 큰 선물이다.

남편은 하나님께서 내게 주신 큰 선물이었다. 그와 함께 정말 열심히 암과 싸웠지만 그는 마흔 살에 하나님께 먼저 갔다. 당시의 평균 수명이 여든이라고 할 때여서 아무리 못 살아도 환갑까지는 살 줄 알았다. 그래서 우리는 이런 말을 자주 했었다.

"정년퇴직하면 장로쯤 되어 있을 테니 그때 선교사로 가도 늦지 않을 거야. 아이들을 대학에 보내고 우리는 뭘 할까?"

우리에게는 꿈과 계획이 많았다. 하지만 남편은 자신이 젊은 나이에 세상을 떠나게 될 줄 몰랐고, 나 역시 30대 중반에 혼자가 되리라고 생각지 못했다.

남편이 떠나고서야 나는 그의 소중함을 깨달았다. 나는 참 못된 아내였다. 퇴근한 남편이 신발을 벗기도 전에 잔소리할 때가 많았다. 속상한 마음에 결혼한 걸 후회한다는 말도 자주 했다. 배우자에게 이보다 더 지독한 말이 있을까. 그때 남편의 마음이 어땠을지를 생각하면 지금도 가슴이 저리다.

남편이 떠난 후, 나는 그가 얼마나 좋은 사람이었는지를 깨달아 갔다. 남편의 책을 그가 몸담고 있던 대학에 기증하러 갔을 때였다. 학장님이 내게 말했다.

"이 교수는 우리 시대의 양심이었습니다."

나는 그에게 융통성이 없다고 타박했는데, 학장님은 그를 그렇게 말했다. 그래서 내가 물었다.

"저희 남편이 정말 괜찮은 사람이었나요?"

"그럼요. 시간이 흐를수록 그가 얼마나 큰 사람이었는지 깨닫게 되실 겁니다.”

결혼할 당시에는 내가 밑진다고 생각했다. 하지만 돌아보니 내게는 너무나 과분한 사람이었다.

젊은 나이에 혼자되어 남편이 그립기도 했지만 당장 두 아이와 먹고 살 일이 막막했다. 또 처신하는 것도 힘들었다. 화장을 곱게 하거나 옷을 좀 깔끔하게 입기만 해도 사람들이 내게 물었다.

“좋은 일이 있어요? 혹시 좋은 사람이 생겼어요?”

당시만 해도 보수적인 분위기 때문에 사람들의 입에 오르내리는 게 두려웠다. 그래서 나는 화장을 아예 하지 않고, 옷도 되도록 화려하게 입지 않으려고 노력했다. 남편이 곁에 없다는 생각에 필요 이상으로 조심하고 경계하며 살았다.

그래서 그때는 빨리 늙기만을 바랐다. 그러면 화장을 하고 옷을 아무렇게나 입어도 괜찮을 거라고 생각했다. 하지만 어떤 여자가 빨리 늙고 싶겠는가(젊은 날에 혼자가 되어 어린 자식을 키워본 사람이라면 내 마음을 조금은 이해할 것이다). 또 내가 나이가 들면 아이들이 그만큼 커 있을 거라는 생각도 했다. 그래서 나는 세월이 빨리 가기만을 기다리며 살았다.

남편을 잃고서야 하나님께서 내게 얼마나 소중한 사람을 선물로 주셨는지를 깨달았다. 사랑하는 사람이 지금 내 옆에 있을 때 서로 아껴주고 보듬어주었으면 좋겠다. 서로를 소중하게 여겨주면 좋겠다. 남편과 아내를 '내게 가장 합당한 선물 같은 사람'이라고 생각하길 바란다. 나보다 더 낮고 못한 사람은 없다.

하나님 아빠를 불러 봐

나는 자녀들 때문에 재혼은 생각도 하지 못했다. 내가 남편이 떠나고 소중함을 깨달았듯이 아이들도 그랬다.

아들이 초등학교 3학년 때였다. 아버지가 없는 아들을 키우는 건 정말 쉽지 않았다. 특히 목욕탕에 보낼 때가 가장 힘들었다. 혼자 목욕탕에 보내면 아들은 몸에 물만 묻히고 왔다.

"아저씨들한테 때를 좀 밀어달라고 하지?"

그러면 아들이 대꾸했다.

"엄마, 나 목욕탕에 가기 싫어. 내가 혼자 들어가면 왜 혼자 왔냐고, 아빠가 없냐고 물어본단 말이야."

나는 목욕탕에 가기 싫다는 아이를 억지로 끌고 가서 그 앞에서 있다가 동네 아저씨에게 "죄송한데, 저희 아이를 좀 씻겨주세요"라고 부탁하기도 했다(세신사에게 부탁할 수도 있었지만 그때는 일반화돼 있지도 않았고, 그럴 만한 경제적 여유도 없었다).

그러면 아저씨가 "아, 그러지요" 하고 아들의 손을 잡고 들어갔다. 아이는 따라 들어가지 않겠다고 울고, 나는 아이를 억지로 밀어 넣고서 울었다. 아들이 얼른 커서 혼자 목욕탕에 가는 게 내 소원이었다.

딸은 초등학교 5학년일 때 아빠를 잃었다. '딸에게는 내가 있으니까 괜찮겠지' 하고 생각했다. 그런데 어느 날, 딸이 울먹이며 내게 물었다.

"엄마, 난 이 다음에 문제아가 되는 거야?"

내가 깜짝 놀라 물었다.

"그게 무슨 말이야?"

딸이 말했다.

"담임선생님이 가정환경조사서를 보시면서 '넌 아빠가 안 계시는구나, 결손가정의 아이네'라고 말씀하셨어. 이런 아이들은 문제아가 된다고 하던데, 내가 그렇게 되는 거야? 결손가정이라는 그 말이 나는 듣기 싫어. 돈을 못 벌어도, 아파도, 엄마와 이혼했어도 아빠가 있었으면 좋겠어. 가정환경조사서에 아빠 칸을 채우고 싶어."

나는 딸아이를 꼭 끌어안고 위로해주었다.

"아빠는 하나님께서 네게 주신 선물이었어. 이제 하나님께서 친히 네 아빠가 되어주실 거야. 아빠를 부르고 싶거든 '하나님 아빠'라고 불러 봐. 엄마도 외로우면 신랑 되시는 예수님께 그렇게 기도해."

기쁠 때나 힘들 때나 어려울 때나 언제든지 하나님께서 아이들의 아버지가 되어주셨다. 우리는 그렇게 아버지와 남편 없이 27년을 살아왔다.

지금까지 내가 3,700회의 집회를 다니는 동안에 두 아이의 도움이 컸다. 특히 해외 집회가 주로 설과 추석 등 명절에 많았다. 지금도 그렇지만 나는 집회에 가면 식사 대접을 받는 걸 좋아하지 않는다. 다른 집 아이들이 떡국을 먹을 때, 우리 아이들은 라면을 먹고 있다는 생각을 하면 차마 목으로 넘어가질 않았다.

또 돈이 없어서 제때 입히지도, 잘 먹이지도 못했으며, 학원에 보내는 건 꿈도 꾸질 못했다. 그래서 아들은 늘 교회 마당에서 놀았다. 나보다 교인들이 그런 아들에 대해 걱정할 정도였다.

"전도사님, 정수를 교회 마당에 저렇게 놔두셔도 됩니까? 학교에 갔다 오면 저기서 종일 살던데요."

그래서 내가 말했다.

"오락실에서 노는 것보다 교회 마당에서 노는 게 낫지 않아요?"

말은 그렇게 했지만 내 마음은 좋지 않았다. 그런 내게 아들이 천진난만하게 말했다.

"엄마, 난 교회가 정말 좋아. 교회에 가면 잔치가 많아서 먹을 것도 많고, 또 심부름을 하면 목사님께서 용돈도 주셔."

교회 마당에서 하루 종일 놀던 그 아들은 하나님께서 축복해주심으로 미국과 일본에서 10년 간 장학생으로 공부했다. 그리고 아버지가 하지 못했던 일본 선교를 대신하겠다며 2014년에 홋카이도 신학교를 졸업하고, 지금은 삿포로에 있는 인터내셔널처치에서 한국부를 맡아 사역하고 있다.

또 책을 유난히 좋아했던 딸은 결손가정에 대한 상처가 있음에도 열심히 공부해서 한국예술종합학교의 연출과에 들어갔다. 그리고 지금은 시나리오 작가로 일하고 있다.

내가 집회에 다니고, 병원에서 환자들과 함께 보내느라 아이들을 챙기지 못했을 때도 하나님께서 아이들을 세세하게 챙겨주셨다. 또한 교회의 목사님과 권사님들이 부모를 대신해 먹이고 입혀주셨다. 그 은혜가 참으로 커서 늘 감사하다.

힘든 선택

선택에는 두 가지가 있다. 내가 선택할 수 없는 것과 내가 살면서 선택해야 하는 것이다. 시대나 나라나 민족을 선택하여 태어날 수는 없다. 또 부모와 성별도 마찬가지다. 이처럼 스스로 선택할 수 없는 것도 많지만 우리가 살면서 선택해야 하는 것도 많다. 인생은 매순간이 선택이다. 그중에는 정말 힘든 선택도 많다.

하루는 임신한 자매가 내게 와서 물었다.

"전도사님, 제 배 속에 있는 아이가 장애아라고 합니다. 낳아야 할까요, 유산해야 할까요?"

참 대답하기 곤란한 질문이었다.

한 집사님이 패혈증으로 사지 중 일부를 절단하지 않으면 생명이 위험한 지경에 처했다. 그래서 병원에서 부모와 가족의 동의서를 요구했다. 그들이 내게 와서 물었다.

"병원에선 절단하지 않으면 안 된다고 하는데 어쩌죠? 기도원에 가야 할까요, 어느 기도원으로 갈까요?"

대답하기가 참 곤란했다.

나는 말을 잘 하는 사람이다. 그런데 말의 빈곤을 느끼는 곳이 바로 병원이다. 남의 인생에 대해 쉽게 이래라저래라 할 수가 없기 때문이다.

"돈이 없는데 중환자실에 더 있어야 할까요?"

정말 뭐라고 대답해줄 말이 없다. 이처럼 힘든 선택이 아니더라도 예수님을 믿기에 '포기'를 선택해야 하는 경우가 있다. 좁은 길을 선택하는 것이다. 예수님을 믿기에 손해 볼 일도 많다. 나도 그런 힘든 선택을 한 적이 있었다.

남편이 살아 있을 때, 그를 전도한 손세만 씨가 직장을 그만두고, 홍콩에 CCC 선교사로 파송되어 갔다. 그는 홍콩을 교두보로 중국을 통해 북한으로 선교를 가는 게 꿈이라고 했다. 그 말을 듣던 남편이 말했다.

"친구야, 너는 밖으로 나가는 선교사고, 나는 안에서 너를 돕는 선교사가 될게."

그렇게 남편은 자청해서 그의 선교후원회 회장직을 맡았고, 그를 후원했다. 지금은 후원자들에게 이메일로 쉽게 소식을 보낼 수 있지만 당시는 선교지에서 편지가 오면 복사해서 일일이 우편으로 후원자들에게 보내야 했다.

남편은 발병 후에도 백 통이 넘는 편지를 들고 병원에 입원했고, 기도원에서도 그 일을 했다. 의사나 주변 사람들이 왜 아픈 사람이 그런 일을 하냐고 물으면 그가 말했다.

"내가 아프다고 이 일을 하지 않으면 친구가 선교를 포기하고 돌아와야 하니까 죽는 날까지 할 겁니다."

그리고 자기가 죽으면 내게 하라고까지 당부했다. 남편이 죽고 난 뒤에 손세만 선교사가 말했다.

"죽은 친구는 제게 있어서 요나단입니다. 그런데 다윗이 친구인 요나단의 사후에 그의 아들인 므비보셋을 그의 상에서 떠나지 않게 한 것처럼 제가 친구의 가족들을 위해 할 수 있는 게 없어서 애통합니다."

그러면서 서울의 동생에게 맡긴 자신의 집을 우리에게 주고 싶다고 했다. 그리고 당시 우리가 살던 작은 집은 팔아서 보내주면 선교비로 쓰겠다고 했다(나는 남편이 죽고 난 뒤에 빚을 많이 졌다. 남편의 유산은 15평짜리 낡은 연립주택뿐이었다. 빚은 많았지만 그나마 내 집에서 살 수 있는 걸 감사하며 살고 있었다).

그런데 나는 미안해서 도저히 그럴 수가 없었다. 그 집으로 가더라도 어느 정도 보상을 하고 들어가고 싶었다. 2층 집이었는데 아래층에 방이 하나 있고, 위층에 두 개가 있었다. 그래서 위층의 방을 세를 놓고, 아래층의 방 하나만 쓰기로 했다. 길가에 있는 집인데 가게도 하나 붙어 있었다. 거기서 매달 생활비가 나올 수 있을 것 같아 그 집에서 살기로 했다.

그런데 몇 년 후에 재건축을 한다고 했다. 우리 동네 사람들은 그대로 살고 싶어 했지만 아랫동네는 공중 화장실을 이용하는 9평짜리 집이 많아서 재건축을 원했다. 그래서 아랫동네와 윗동네가 재건축 문제로 싸움을 하게 되었다.

우리가 살고 있던 동네 이웃에는 교회에 다니는 사람들이 많았는데 돈에 대한 이해관계가 생기니 누구도 양보하지 않았다. 솔직히 나도 망설여졌다.

'내가 저들을 위해 희생해야 하는가? 이곳이 나는 좋은데. 그리고 이 가게를 보상받지 못하면 생활비가 나오지 않는데….'

그래서 고민을 많이 했다. 그러다 동네 이웃들에게 말했다.

"저는 가게를 포기하고, 재건축을 승낙하겠습니다."

그랬더니 사람들이 나를 원망했다.

"아니, 전도사님이 그러시면 우리는 어떻게 합니까?"

내가 말했다.

"그럼 제 지분을 여러분들이 나누십시오."

그렇게 설득했더니 다들 동의했다. 물론 한두 명이 동의하지 않고 일 년 이상 버티는 바람에 어려움도 있었지만 결국 재건축을 하게 되었다. 재건축이 시작되니 이주비라고 5,000만 원이 나왔다. 내가 어디에 집을 얻어야 할지 몰라 걱정하니 교회의 한 집사님과 전도사님이 대신 집을 알아봐주겠다고 했다. 그래서 그들에게 가급적이면 교회와 가깝고 교통이 편한 곳으로 이사갈 수 있도록 도와달라고 했다.

그런데 그들이 알아본 곳은 교회와 거리도 먼 데다 4층짜리 건물의 꼭대기 층이었다. 엘리베이터도 없었지만 나는 잠시 살 집이라고 생각하고, 그 집사님의 수고를 생각해서 계약을 위해 동남 복덕방(지금의 공인중개사)으로 갔다.

집을 소개해준 분이 우리 동네의 개척교회 목사님의 아버지이고, 집주인은 제법 큰 교회의 안수집사였다. 그런데 계약하면서 등본을 보니 근저당 설정이 많이 되어 있었다. 내가 좀 망설이니까 집주인이 말했다.

"제가 전도사님을 속이겠습니까? 전세금을 받아서 빚을 갚고 저는 본가로 들어갈 테니 걱정하지 마시고 계약해주세요."

그래도 내가 망설이자 목사님의 아버지라는 분이 말했다.

"전도사님이 남편도 없이 애 둘만 데리고 사는 걸 압니다. 제가 각서를 써드리겠습니다. 만약 문제가 생긴다면 제 집을 팔아서라도 보상을 해드리죠."

그러면서 각서를 쓰고 도장을 찍었다. 나는 당황스럽고 난처했지만 그들을 믿고 계약을 했다.

제가 포기하겠습니다

그런데 한두 달쯤 지나니 법원에서 경매를 한다는 통보가 왔다. 나는 어이가 없었다. 집주인이 분명히 전세금을 받아서 근저당 설정을 푼다고 했는데 등기를 확인하니 되어 있지 않았다. 놀라서 그에게 전화를 하니 "없는 전화번호"라는 안내만 나왔다.

그래서 나는 각서를 들고 그 복덕방으로 갔다. 그 목사님의 아버지에게 집이 경매가 된다는데 어떻게 된 거냐고 물었다. 그러자 그 할아버지가 집주인의 본가로 찾아가 기다려 보았지만 그 집주인이 나타나지 않았다. 할아버지가 내게 말했다.

"전도사님, 아무래도 우리가 사기를 당한 것 같습니다."

"그러면 보상을 해주셔야지요. 집을 팔아서라도 해주신다고 하지 않았습니까? 여기 각서까지 쓰셨잖아요."

그랬더니 한 남자가 나타나서 "이 분은 심부름을 하고 용돈을 받는 사람이고, 내가 이 복덕방 주인입니다"라고 했다. 그러면서 중개인이 책임질 문제가 아니니 개인적으로 보상을 받으라고 했다. 그래서 내가 말했다.

"죄송합니다만 할아버지, 보상해주세요. 제가 애 둘을 데리고 갈 데가 없습니다."

그런데 그가 오히려 내게 사정했다.

"저희 집은 식구가 여섯이에요. 아들이 개척교회를 하는데 집에서 나가면 모두 길바닥에 나앉아야 합니다."

나는 어이가 없었다. 그래서 집을 소개해준 집사님에게 상황을 말했다. 그랬더니 복덕방에 가서 그 할아버지에게 욕을 하고, 집주인이 다녔던 교회에 가서 모든 걸 말했다. 그리고 우리 교인들이 그 교회와 복덕방 앞에서 시위를 하는 통에 온 동네에 소문이 났다.

그러자 복덕방 주인이 "예수 믿는 것들이 자기들끼리 싸움질을 하냐"라고 하면서 내가 다니는 교회를 욕했고, 분란을 일으켰다며 나를 이상한 눈초리로 보았다. 나는 너무나 억울했다.

당장 아이들을 데리고 갈 곳이 없어서 담임목사님을 찾아갔다. 목사님도 각서가 있으니 애들을 데리고 그 할아버지 집으로 들어가라고 하셨다. 그래서 내가 말했다.

"그 집에 방이 세 칸인데 할아버지 부부와 아들 목사 부부와 아이 둘이 산다고 합니다. 그런데 제가 어디로 들어갈 수 있겠어요. 아무리 화가 나도 그럴 순 없습니다."

나는 이러지도 저러지도 못하는 상황에 밤잠을 이루지 못했다.

'아, 이러다가 내가 병이 들겠구나.'

그 복덕방 앞을 지날 때면 화가 나서 견딜 수가 없었다. 그래서 하나님께 기도했다.

'하나님, 그 안수집사가 마음을 돌이켜서 저를 불쌍히 여기게 해주세요. 그가 돈을 갚게 해주세요. 복덕방 할아버지가 스스로 제 돈을 갚게 해주세요.'

매일 기도했지만 아무 응답이 없었다. 그러는 중에 집의 경매가 계속 유찰됐다. 2차 경매에 들어간다고 했고, 사람들이 집을 보러 오는데 나는 너무 화가 났다. 그런데 기도하는 가운데 '왜 나한테 이런 어려움이 닥쳤을까' 하는 생각이 들었다. 그래서 나 자신을 위해 기도했다.

'제가 하나님 앞에 잘못한 게 있나요? 그동안 바쁘게 돌아다니느라 기도가 소홀했나요? 혹시 십일조를 성실하게 내지 않았나요? 감사헌금이나 선교헌금을 자원해서 내지 않았나요? 무엇 때문에 이런 어려움을 겪습니까?'

그렇게 기도하는 중에 몇 가지가 떠올랐다. 그러면서 감사의 기도가 나왔다.

'하나님, 감사합니다. 저나 아이들이 아파서 이 물질이 없어질 수도 있는데 사기를 당해서 거두어 가시니 감사합니다.'

이런 감사기도를 하다 보니 그들이 밉지 않았고, 오히려 불쌍하게 여겨졌다.

'왜 하필이면 저런 도구로 사용이 됐을까?'

이렇게 생각하니 담대해졌다.

'그래, 5,000만 원 때문에 예수님과 교회가 욕을 먹게 할 수는 없다. 내가 포기하자. 하나님, 제가 포기하겠습니다.'

그래서 목사님을 다시 찾아가서 말했다.

"목사님, 제가 집을 포기하겠습니다. 교회에 제 짐을 보관할 공간을 마련해주세요."

목사님이 말씀하셨다.

"짐은 맡아줄 수 있는데, 아이들을 데리고 어디로 가려고 합니까?"

"고시원을 알아보겠습니다."

그랬더니 목사님이 기가 차다는 듯이 날 쳐다보셨다. 나는 교회에 짐을 맡겨놓고 고시원으로 갈 준비를 했다.

그러던 중에 늘 웃고 다니던 내 표정이 좋지 않은 걸 보고 병원의 서무과장이 무슨 일이 있냐고 물었다. 그래서 당시 상황을 털어놓았더니 경매를 집행하는 법원이 어디냐고 물었다. 서울서부지방법원이라고 했더니 자기가 알아보겠다면서 내게 경매로 그 집을 사라고 했다. 그래서 나는 난생처음으로 법원에 갔다. 가 보니 경매에 나온 물건들을 사겠다는 사람들(소위 경매꾼)이 많았다. 순간 내 처지가 한심하다는 생각이 들었다.

'내가 이곳까지 와서 저들과 경쟁해야 하는가!'

그러는 동안에 집은 계속 유찰되어 3차 경매까지 갔다. 얼마를 써내야 할지 기도하는데 문득 '2,400'이란 생각이 들었다.

'아, 이것이 하나님께서 내게 주시는 숫자인가? 아니야, 이건 내 생각일 거야.'

그래서 1,200만 원을 더해서 3,600만 원을 써냈다. 그런데 그날 결과를 보니 내 다음번이 2,300만 원이었다. 내가 2,400만 원을 썼더라면 더 싸게 경매를 받을 수 있었다. 내가 기도를 하고서도 하나님의 응답을 믿지 못했던 것이다.

'아, 내 생각이 아니고 성령께서 가르쳐주신 건데… 내가 정말 믿음이 없구나.'

그렇게 그 집을 사게 되었다. 물론 병원에서 융자를 얻어서 그 빚을 갚느라고 오랫동안 고생했다.

예수 믿는 전도사는 다르군요

사실 경매에 들어가기 전에 어떻게 해야 할지 괴로워서 복덕방에 다시 갔다. 스스로 '이건 내 문제지 저들의 문제가 아니다'라고 결론을 내리고는 할아버지가 써준 각서를 태우기 위해서였다. 그런데 복덕방 주인이 입에 담지 못할 욕을 내게 하면서 자기는 상관이 없으니 할아버지 집을 찾아가라고 했다. 그래서 내가 말했다.

"오늘은 제가 따지러 온 게 아니니 그 할아버지를 불러주세요."

그리고 그 자리에서 각서를 불태우며 말했다.

"목사님 아버지도, 안수집사도 포기하지 못한다면 전도사인 제가 포기하겠습니다."

그랬더니 복덕방 주인이 말했다.

"나는 예수를 안 믿지만 예수 믿는 전도사는 다르군요."

그날부터 소문이 나기 시작했고, 동네 사람들이 내게 '진짜 전도사'라고 했다. 하지만 나는 그 집에 살면서 4층 계단을 힘들게 오르내릴 때마다 화가 났다(몸이 아플 때는 특히 더 그랬다).

'내가 왜 그런 선택을 했을까? 악착스럽게 돈을 받아냈더라면 아파트에서 살았을 텐데, 그러면 아이들도 고생시키지 않고 불편함 없이 편히 살았을 텐데….'

시간이 한참 흘러 안산의 한 교회에 간증 집회를 가게 되었다. 집회를 마치고 한 교육전도사가 나를 집까지 태워다주겠다고 했다. 안산에서 불광동까지 꽤 먼 거리여서 사양했더니 그의 본가가 불광동이라고 했다. 그래서 그 차를 타고 집에 거의 왔을 무렵에 그가 말했다.

"혹시 전도사님, 동남복덕방이라고 아세요?"

나는 생각했다.

'아니, 내 기억 속에 사라져가는 그 아픈 상처를 왜 건드리나?'

내가 안다고 했더니 그때 그 할아버지가 그의 조부라고 했다.

"제가 어렸을 때, 할아버지가 '남편도 없는 전도사가 길거리에 나앉게 됐다. 우리가 그 집을 보상해주어야 하는데 큰일이다'라고 하시며 가슴이 떨려서 견딜 수 없다면서 심장 약을 드시는 걸 봤어요. 그런데 하루는 할아버지가 오시더니 그 전도사가 각서를 불태웠다고 하며 '오늘 저녁부터는 발을 뻗고 잘 수 있게 되었다'라고 하셨던 게 기억이 났어요. 그 분이 바로 전도사님이시죠?"

내 간증을 들으며 어렴풋이 나인 것 같다는 생각을 했다는 것이다. 나는 그 집에 대한 이야기는 한마디도 하지 않았고, 일찍 남편을 잃고, 아이들과 살고 있으며 세브란스병원에서 일하고 있다는 것만 말했다.

"제가 전도사님 덕분에 신학 공부를 하고 전도사가 되었습니다. 저희 아버지도 녹번동으로 옮기셔서 목회를 잘하고 계십니다. 정말 고맙습니다."

나는 젊은 전도사의 말을 듣고 깜짝 놀라 물었다.

"할아버지가 지금 살아 계세요?"

"네."

나는 차를 가까운 빵집 앞에 잠깐 세워달라고 했다. 그리고 케이크를 사서 할아버지께 전해드리라고 말했다.

다음 날, 할아버지에게서 전화가 왔다.

"전도사님, 어젯밤에 보내주신 케이크를 식구들과 맛있게 잘 먹었습니다. 그 일이 있은 후에 하루도 쉬지 않고 전도사님을 위해 기도했습니다. 앞으로 제가 죽는 날까지 기도할 것입니다."

그날, 나는 하나님 앞에 무릎을 꿇었다.

'하나님, 그때 그 선택이 참으로 옳았습니다. 그 돈 때문에 평생 저를 위해 간절히 기도해줄 사람을 얻었으니까요.'

그러고 보니 내가 뇌종양 수술을 받고 살아난 것과 보통의 경우

장애 후유증이 남는다고 하는데 거의 없는 것도 그의 기도 덕분이란 걸 알게 되었다.

인생을 살면서 예수님을 믿기 때문에 포기해야 할 때가 있다. 그런데 내가 포기하면 하나님께서 다른 것으로 반드시 갚아주신다.

많은 사람들이 내게 묻는다. 어느 것이 하나님의 뜻인지 모르겠다고. 그러면 내가 말한다.

"내가 손해를 보는 게 하나님의 뜻입니다."

> 형제가 형제와 더불어 고발할 뿐더러 믿지 아니하는 자들 앞에서 하느냐 너희가 피차 고발함으로 너희 가운데 이미 뚜렷한 허물이 있나니 차라리 불의를 당하는 것이 낫지 아니하며 차라리 속는 것이 낫지 아니하냐 고전 6:6,7

믿음의 선택

병원에서 실습할 때였다. 뇌암에 걸려 3년간 입원했던 40대 후반의 남자 환자가 있었다. 그는 TV방송국의 음악 PD였다. 그런데 입원해 있는 동안 그를 찾아오는 가족이 아무도 없었다. 그래서 내가 직접 간병인도 구해주고, 그의 수발을 들어주었다. 그는 젊은 시절에 방탕하게 살았다며 회한에 젖어 자신의 이야기를 했다.

"젊었을 때는 제 기분이 내키는 대로 살았던 것 같아요. 하지만 후회한들 무슨 소용이 있겠어요. 제게는 동거했던 여자와 그 사이에 딸과 아들이 있어요. 아프고 나서 가족들을 찾았지만 그간 받았던 고통이 컸는지 다들 외면하더군요. 형제들도 마찬가지고요. 그래서 이렇게 혼자가 되었네요."

나는 그가 너무나 측은했다. 모든 걸 잃고 후회하는 모습을 보며 '지금 이 순간'을 어떻게 살아야 하는지 많은 걸 느꼈다. 그가 죽기 얼마 전에 내게 통장 하나를 내밀었다. 거기에는 7,000만 원이 들어 있었다(20년 전이기에 정말 큰돈이었다).

"전도사님, 메모지 한 장만 부탁드립니다."

그는 사력을 다해 떨리는 손으로 뭔가를 적어 내려갔다.

> 동거녀가 내게 '여보'라고 부르고 예수님을 믿겠다고 하면 1,000만 원, 아들과 딸이 찾아와서 '아빠'라고 부르고 예수님을 믿겠다고 하면 500만 원씩 주고, 나머지는 장례를 치르는 데 써주세요. 그리고 남은 돈(약 5,000만 원)은 전도사님이 알아서 좋은 일에 써주십시오.

그리고 그는 얼마 뒤에 사망했다. 나는 급하게 가족들을 수소문했다. 다들 와서 울며 용서를 구했다. 장례를 치르고 난 뒤에 가족들을 불러 그가 남긴 유서(메모지)를 읽어주었다. 그랬더니 그의 형제들이 동거녀와 자녀들에게 절대 돈을 주지 말라고 했다. 하지만 나는 그녀에게 돈을 다 주겠노라고 말했다.

"저는 예수님을 돈으로 계산하고 싶지 않습니다. 예수님을 믿든, 믿지 않든 이 돈은 고인의 자녀들과 그들의 어머니에게 주는 게 맞다고 생각합니다."

그럼에도 내 안에 갈등이 일었다. 당시 실습 중이었기에 병원에 5,000만 원을 후원하면 정규 직원이 되는데 유리하게 작용할 수 있을 것 같았다. 또 후원금의 종자돈으로 쓸까도 고민했다. 그런데 가만히 생각해보니 모든 일은 성령님이 하셨고, 그분이 이 돈에 대한 내 태도를 보실 거라는 생각이 들었다. 그래서 용기를 내어 그녀에게 다 주었다.

한참 시간이 흐른 뒤에 망우리에 있는 한 교회에서 집회를 마치고 나오는데 한 여인이 나를 불렀다. 돈을 주었던 그녀였다.

"전도사님, 그때 정말 감사했습니다. 배려해주신 덕분에 여관을 하며 아이들과 살 수 있게 되었고, 지금은 예수님을 믿고 이 교회에 나오고 있습니다."

그녀의 고백이 참 감사했다. 성령님의 도우심으로 내가 선택을 잘했다는 생각이 들었다. 그리고 그 돈을 흘려보낸 이후로 병원에 엄청난 후원금이 들어오기 시작했다는 걸 나중에 알게 됐다.

우리는 연약한 존재이다. 그래서 단 한순간도 성령님이 돕지 않으시면 욕심의 노예가 될 수밖에 없다. 선택의 기로에 섰을 때 믿음으로 해야 한다. 그러면 당장은 좁은 길이고, 손해를 보는 것 같아도 결국은 넓은 길이며, 이득을 보는 것임을 귀한 경험을 통해 알게 되었다.

손해 보는 쪽을 택하라

한번은 미국에서 집회를 하고 돌아왔는데 딸이 공항으로 마중을 나왔다. 당시 딸은 한예종을 졸업하고, 영화 조감독을 하고 있었다. 딸이 내게 말했다.

"엄마, 내게 정말 힘든 일이 생겼어. 선배가 내게 조감독으로 일을 해달라고 해서 약속했는데, 배우가 캐스팅이 잘 되지 않아서 찍지 못하고 있어. 그런데 아는 드라마 작가가 회당 200만 원을 주겠다고 보조 작가로 같이 작업하자고 하는데, 어쩌지?"

"글쎄, 너는 어떻게 하고 싶은데?"

"그 선배가 찍는 첫 영화라 아무도 도와주려고 하지 않는대. 내가 드라마 작업을 해야 할 것 같다고 하니까 선배도 이 영화를 포기해야겠다고 하네."

딸은 내게서 더 이상 용돈을 타서 쓸 수도 없고, 조감독을 하게 되면 당분간 아르바이트도 할 수 없기에 고민이 된다고 했다.

내가 딸에게 말했다.

"고민할 것도 없네. 그 영화를 포기하고 드라마 작가와 일해. 그러면 다음에 그 작가가 널 키워줄 거 아니니?"

그런데 딸이 말했다.

"엄마가 손해 보는 쪽을 택하라고 했잖아!"

"아이고, 내가 그 말을 한 게 후회스럽구나. 그럼 함께 진지하게 고민하고 기도해보자."

집에 와서 내가 딸에게 말했다.

"그래, 네 말이 맞아. 손해 보는 쪽을 택하자. 돈은 나중에도 벌 수 있지만 사람을 잃어서는 안 된다. 영화계에 있으면 그 감독과 언제든지 볼 수 있는데 상처를 주면 안 되지. 네가 전도사의 딸인 걸 다 안다면서?"

"응."

하지만 그 영화는 흥행에 실패했고, 딸은 돈 한 푼도 받지 못하게 되었다(딸은 그 선배 때문에 자기가 잘 풀리지 못했다면서 좀 속상해하는 눈치였다).

그러던 어느 날, 이강백 교수님이 딸에게 "너는 감독할 체질이 아닌 것 같으니 시나리오를 써보라"라고 해서 작가로 전향을 했다. 그런데 영화계에 "이 작가는 돈을 따지지 않고 사람을 보는 사람이다"라고 소문이 나서 선배들로부터 사랑을 많이 받았다. 그래서 지금은 이곳저곳에서 작품 제안이 많이 들어오고 있다.

딸이 내게 말했다.

"엄마, 만약 내가 그 감독을 택하지 않았다면 그를 다시는 볼 수 없었을 거야. 사람 일이란 알 수 없잖아. 그의 영화가 언제 대박이 날지도 모르고. 그래서 앞으로도 어떤 일이 있더라도 돈보다는 사람을 택하려고."

딸의 말을 듣고 내가 말했다.

"사람을 택하는 게 아니라 하나님을 택하는 거지."

여호수아서를 보면 "오늘 나와 우리 집은 하나님을 택한다. 너희들은 어떤 것을 택하겠느냐?"(수 24:15)라는 말씀이 있다. 내 인생에서 가장 잘한 선택이 예수님을 믿은 것이다. 그런데 그분을 선택했기에 포기하고 희생해야 할 것이 많았다. 선택의 폭이 좁아서 어쩔 수 없이 좁은 길을 가야 했다. 그래서 가끔 넓은 길을 기웃거릴 때도 있었다. 때로 나는 손해를 봤다고 생각했지만 하나님 앞에서는 손해를 본 게 아무것도 없었다.

> 좁은 문으로 들어가라 멸망으로 인도하는 문은 크고 그 길이 넓어 그리로 들어가는 자가 많고 생명으로 인도하는 문은 좁고 길이 협착하여 찾는 자가 적음이라 마 7:13,14

또한 하나님께서 우리를 연단시키기 위해 다른 사람들을 도구로 사용하실 때가 있다. 그래서 우리는 그를 미워하지 말고 불쌍히 여겨야 한다.

'왜 하필이면 저 사람이 나를 힘들게 하는 징계의 막대기로 사용되었을까?'

누군가에게 돈을 떼었다면 그를 긍휼히 여기라. 정말 좋은 마음으로 도왔는데 오해를 받았는가? 그럴 때도 "내가 저 사람한테 신뢰를 주지 못했구나" 하며 내 문제로 돌려라. 어떤 문제가 생겼을 때, 누구의 문제가 아닌 바로 나 자신의 문제로 생각하면 하나님께서 해답을 주신다. 그러면 선택의 결단이 훨씬 쉬워진다.

2부

4장

고통의 시간을 함께 걷다

뇌종양이 발견되다

나는 세브란스 재활병원이 증축을 시작할 때부터 완공될 때(2003~2009년)까지 자발적으로 새벽기도를 인도했다. 2006년부터는 사순절 때마다 직원들과 함께 릴레이 아침 금식을 시작했다. 이런 나를 보고 "병원을 교회로 만들 생각이냐"라고 말하는 사람들도 있었다.

그런데 2009년에 병원이 증축되면서 기존의 예배실이 없어져 사순절 기간에 혼자 금식기도를 해야 했다. 그런데 금식이 끝나고 나니 체중이 6킬로그램이나 빠져 있었다.

'아니, 하루에 한 끼 금식을 했다고 이렇게 많이 빠지나?'

그런데 그때부터 몸에 힘이 빠지고 서 있기는커녕 제대로 일어날 수도 없었다. 부활절이 끝나고 예정된 집회에 가야 했지만 도저히 자리에서 일어날 수가 없었다. 그래서 교회의 권사님에게 부탁해 집회 장소인 춘천까지 간신히 갈 수 있었다.

그 권사님이 내게 말했다.

“전도사님, 제발 무리하지 마세요. 제대로 앉아 있지도 못하는데 집회에 가실 수 있겠어요?”

“2년 전에 약속된 거라 꼭 가야만 해요.”

나는 약속은 꼭 지켜야 한다는 생각으로 그해 6월에도 전남 여수까지 내려가 집회를 했다. 그런데 그 사이에 공부하던 게 있어서 6월 말에 학기말 시험을 치르는데 암기한 영어 단어가 하나도 생각나질 않았다. 나는 몹시 당황스러웠다. 간신히 시험을 끝냈지만 그 다음 달부터는 자신이 없었다.

결국 나는 감리교의 원로 장로님들을 대상으로 한 세미나에서 강의를 끝내자마자 기절하고 말았다. 잠시 후에 깨어나 택시를 타고 병원으로 가면서 아는 교수님에게 전화를 했다.

“지금 응급실에 가면 늦을 것 같아요. 심혈관병원에 입원할 수 있도록 해주세요.”

그리고 바로 심혈관병원에 입원했다. 심장이 약한 가족력이 있어서 늘 주시하던 터라 즉시 입원할 수 있었다. 그런데 담당 의사가 심장이 아닌 뇌 CT촬영을 했으면 좋겠다고 했고, 검사 결과는 충격적이었다. 오른쪽 뇌의 앞부분에 지름 6센티미터의 종양이 발견되었다.

의사도 깜짝 놀랐다.

"아니, 이렇게 커질 때까지 어떻게 모를 수가 있습니까?"

병원 일에 집회까지 감당하다 보니 '피곤해서 그런 거겠지' 하면서 넘어갔었다. 편두통과 급격히 떨어진 시력이 종양 때문인 줄도 모르고…. 또 그 때문에 몸에 힘이 빠졌던 것인데 나는 미련하게 시간만 보내고 있었다.

일 년에 한 번씩 병원에서 실시하는 건강검진은 기초적인 검사만 하기 때문에 뇌 사진을 찍어볼 기회가 없었다. '이러다 낫겠지' 하고 방치했던 게 큰 종양이 될 줄은 꿈에도 몰랐다.

의사는 바로 수술해야 한다고 했고, 7월 28일에 1차 수술을 하게 되었다. 그런데 수술실에 들어간 지 2시간 만에 나왔다. 내가 의식을 차렸을 때는 딸과 교인들이 울면서 따라오고 있었다. 수술 도중에 심장에 문제가 생겨 수술을 멈추고 급하게 심혈관병원으로 옮기는 중이었다. 심폐 기능이 계속 떨어져 더 진행하다가는 생명에 지장을 줄 수 있어 수술이 중단되었다.

심장의 혈관이 두 개나 막혀 있어서 뇌 수술은 하지도 못하고, 심장을 먼저 온전하게 작동시키는 게 급선무였다. 다행히 세계적인 심장내과 권위자인 장양수 교수님이 응급 시술을 잘 해주어서 나는 목숨을 건질 수 있었다.

그러고서는 바로 뇌 수술을 할 줄 알았는데 최소 6개월에서 1년 후에나 할 수 있다고 했다. 그래서 나는 머리에 종양을 그대로 남겨둔 채 꼼짝없이 한 달 동안 병원에 입원해 있어야 했다. 줄줄이 잡혀 있던 집회 일정이 걱정되어 담당의인 장 교수님에게 내 상태를 물었다.

"선생님, 제가 9월 1일에 유럽에서 집회가 있는데 다녀올 수 있을까요?

"지금 유럽에 가시겠다고요? 큰일 납니다, 전도사님."

"작년부터 약속한 거라 가지 않으면 안 됩니다."

결국 주변의 반대에 부딪쳐 나는 독일에 있는 정세균 목사님에게 전화해서 사정을 이야기했다. 목사님은 독일뿐 아니라 체코와 헝가리에서도 나를 기다리고 있다며 크게 실망하는 눈치였다. 너무나 죄송한 마음에 머리에 붕대를 감고 있는 내 모습을 동영상으로 보내서 어쩔 수 없는 상황임을 전했다.

긴 고통의 시간

다음 수술을 기다리며 병원에 입원해 있을 때였다. 한 집사님이 나를 찾아와 조심스럽게 말을 꺼냈다.

"전도사님, 몸은 좀 어떠세요? 제가 찾아온 이유는 우리 딸과 전도사님의 아들을 결혼시키는 게 어떨까 해서예요."

느닷없는 말에 병실에 있던 전도사들이 그녀를 말렸다. 나도 어리둥절해하고 있는데, 잠시 후 그녀가 말을 꺼냈다.

"제가 2003년에 서울에 올라왔다가 저희 어머니가 다니시는 교회(집사님의 어머니는 우리 교회의 권사님이다)에 새벽기도회에 갔어요. 그때 매일 나와 기도하는 한 청년이 제 눈에 들어와서 '저런 청년을 사위로 삼으면 얼마나 좋을까' 하고 생각했지요. 그런데 알고 보니 이미 제 딸과 교제하고 있었어요. 지금 둘 다 일본에 있으니, 결혼을 시키는 게 어떨까요? 이런 상황에 염치 불구하고 말씀을 드리러 왔습니다."

그 말을 듣고 나는 생각이 많아졌다. 두 번째 수술을 앞두고 내 건강을 장담할 수 없었기에 여러 가지 상황을 고려하지 않을 수 없었다. 내가 잘못되기 전에 아들만이라도 장가를 보내는 게 낫겠다는 생각이 들었다.

그래서 1월 14일에 2차 수술 날짜를 잡아놓고, 1월 6일에 아들의 결혼식을 치렀다. 그리고 일주일 후, 수술실에 들어가기 전에 집도의인 이규성 교수님이 내게 말했다.

"이번에 수술하다가 심장이 또 잘못되면 수술을 못할 수도 있습니다."

긴 수술이 이어졌고, 수술 후 중환자실로 옮겨진 후에도 나는 3일 동안 의식이 없이 보냈다. 내가 깨어나자마자 의사가 당부의 말을 했다.

"정말 조심하셔야 합니다. 뇌부종이 심해서 자칫하면 염증이 생길 수도 있어요."

하지만 이상하게도 나는 걱정이 되지 않았다. 왠지 다 나은 것처럼 느껴졌다. 그런데 2차 수술을 마치면 다 끝난 건 줄 알았는데 아니었다. 양성 종양처럼 보였던 혹이 조직 검사를 해보니 애매한 결과가 나왔다. 악성 쪽에 가까워 방사선 치료를 해야 한다고 했다.

내가 물었다.

"방사선 치료를 얼마나 해야 하나요?"

"최소 35번은 해야 합니다."

7주 동안 치료해야 하는데, 머리 쪽이라 특히 위험하다고 했다. 치료하다가 혈관을 하나라도 잘못 건드리면 시력에 문제가 생기거나 언어 장애가 올 수 있기 때문이었다. 그래서 머리에 투구 같은 의료 장비를 쓰고 방사선 치료실의 기구 안에서 10분간 옴짝달싹하지 못한 채 치료를 받았다. 그 순간에는 침도 마음대로 삼켜서는 안 되었다.

그런데 방사선 치료가 몸에 무리가 되어 마비가 왔다. 몸의 한쪽을 전혀 쓸 수 없어서 부산에서 연로하신 친정어머니가 나를 간호하러 올라오셨다. 한쪽 손이 마비되어 들어 올리는 연습을 해야 했는데, 그 방편으로 어머니와 나는 어릴 때 하던 '쎄쎄쎄' 놀이를 매일 했다.

하지만 나는 손을 제대로 올릴 수가 없어서 손뼉을 치질 못했다. 어머니는 "조금만, 조금만 더 올려 봐" 하며 격려해주셨고, 나는 안간힘을 다했다. 박수 소리가 나지 않아도 어머니는 "됐다! 잘했다,

잘했어"라며 끊임없이 칭찬해주셨다.

그렇게 재활 연습을 하던 중에도 자주 경기를 일으켰다. 한바탕 경기를 하고 나면 온몸에 힘이 다 풀려서 응급실로 실려 가기를 여러 차례 반복했다. 그때는 정말 다 포기하고 싶었다. 예전에 방사선 치료실 앞에서 치료를 포기하던 환자들의 마음이 이해되었다.

'이렇게 힘들게 살아서 뭐하나? 나중에 혼자 일어서고 걸을 수는 있을까?'

이런 부정적인 생각들이 머릿속에서 떠나질 않았다. 또 치료실에 가면 그전부터 알던 간병인들이 나를 알아보며 깜짝 놀랐다.

"어머, 전도사님, 웬일이세요?"

나는 몹시 창피하고 부끄러웠다. 휠체어를 타고 병동을 다닐 때면 머리카락은 다 빠져 있고, 얼굴도 많이 부어서 병원의 다른 전도사들이 나를 알아보지 못했다. 그렇게 끝나지 않을 것 같은 병원생활이 계속되었다.

기도의 응답

그날도 여러 검사와 치료를 받고 있었다. 심신이 매우 지쳐 있는데 문득 '왜 내게 이런 고난이 왔을까, 내가 무슨 잘못이라도 했나' 하는 생각이 들었다. 그러다 2010년 사순절 기간에 금식하며 내가 했던 기도가 떠올랐다.

'하나님, 제가 지금까지 20여 년 동안 환자를 사랑한다고 말했는데, 정년을 앞두고 생각해보니 자신이 없어요. 그동안 환자들을 위로한다고 했지만 정말 그들의 아픔에 공감했는지도 잘 모르겠어요. 정년까지 1년 정도가 남았는데, 이 기간에 환자들을 더 뜨겁게 사랑하고, 복음을 더 많이 전할 수 있게 해주세요.'

그때 나는 깨달았다.

'아, 내가 지금 여러 검사들을 받기 위해 병원의 본관, 중환자실, 수술실, 심혈관병원, 재활병동, 암병동을 돌면서 환자들이 겪었던 고통을 직접 느끼고 있는 거구나. 이건 내 기도에 대한 하나님의 응답이구나.'

그 이후부터 나는 다시 열심히 치료를 받겠노라고 결심했다.

나는 치료를 받으면서도 집회에 열심히 다녔다. 주변 사람들이 모두 말렸지만 나를 초청한 사람들과 또 하나님과 했던 약속을 저버릴 수가 없었다.

1년 전에 약속한 성공회 집회에 갈 때였다. 토요일 저녁 집회라 금요일까지 치료를 받고 하루 정도 쉬면 될 거라고 생각했다. 그런데 토요일 오후부터 열이 나기 시작하더니 도저히 갈 수 없는 상황이 됐다. 석모세 신부님에게 부득이한 상황을 말하자 무척 당황해했다. 나 역시 못 가는 게 마음이 좋지 않아 신부님에게 물었다.

"그러면 제가 주일에 가면 안 될까요?"

신부님이 흔쾌히 말했다.

"제가 미사 시간에 강론을 하지 않고, 전도사님에게 양보할게요."

그러나 주일이 되어도 몸이 회복되지 않아 어머니의 부축을 받으며 택시를 타고 동인천까지 갔다. 집회 장소에는 간신히 갔지만 도저히 강대상에 설 수가 없었다. 성공회에서는 미사를 드리기 전에 성찬을 하는데, 줄이 끝도 없이 계속되었다. 마지막에 내 차례가 되었을 때는 정말 쓰러질 것만 같았다. 그런 내 모습을 본 신부님이 강대상에 의자를 놔주며 말했다.

"여기에 앉아서 말씀을 전하세요."

성공회 미사는 교회 예배와 달리 일어섰다 앉기를 반복하는데 그 시간이 너무나 길게 느껴졌다. 집회가 끝나자 부사제가 집까지 데려다주었다. 나는 집에 도착하자마자 기절해버렸고, 그다음 날에 경기를 하는 바람에 응급실로 또 실려갔다.

아픔은 늘 새로운 시작이다

스위스의 정신과 의사인 엘리자베스 퀴블러 로스(Elizabeth Kübler-Ross)가 죽음에 이르는 5단계에 대해 설명했다. 예외적인 사람들도 있지만 대부분은 이 단계들을 거친다고 한다. 첫 번째 단계는

'부정'이다. 자신의 죽음을 받아들이기를 힘들어한다. 요즘은 암이라 하더라도 크게 겁을 내지 않는다. 암이 죽을병이 아니고 치료가 될 수 있는 병이 되었기 때문이다.

그러나 암 가운데서도 치료가 매우 힘든 암이 있다. 바로 췌장암이다. 이 암에 걸린 환자에게 몇 개월밖에 못 산다고 하면 쉽게 받아들이지 못한다. 그래서 시한부 판정을 받으면 처음에는 "이것은 오진이다"라며 여러 병원을 돌아다닌다. 지방 병원에서 암 선고를 받았다면 KTX를 타고 서울로 온다. 큰 병원에 와서 다시 확인하고 싶어 한다. 같은 진단을 들어도 병원을 몇 군데 더 거친다.

이럴 때 옆에서 "두 군데 정도 확인했으면 됐지, 돈을 들이면서까지 왜 그렇게 하냐"라고 말하면 안 된다. 그러면 환자들이 이렇게 말한다.

"만약 당신의 목숨 같으면 그렇게 말할 수 있나요?"

암뿐만이 아니다. 재활병동의 하반신마비나 전신마비 환자들도 실낱같은 희망을 가지고, 기다리다 보면 언젠가는 일어나 걸을 수 있을 거라고 생각한다. 그들은 현실을 쉽게 받아들이지 못한다. 그래서 재활병원에서는 곤란할 때가 많다. 의사가 환자에게 "이제부터 휠체어를 타는 걸 배워야 합니다"라고 말해도 휠체어를 타지 않겠다고 한다.

하루는 한 환자가 나를 찾아와서 주치의를 고소하겠다고 했다. 그 의사가 자기에게 못 걷는다고 말했다고. 그래서 내가 의사 선생님에게 가서 왜 그랬냐고 물었다. 그가 흥분된 어조로 내게 말했다.

"전도사님, 제발 목사님들이 병원에 와서 환자를 위한다고 이상한 말을 하지 않았으면 좋겠어요."

내가 물었다.

"아니, 무슨 말을 했는데요?"

"환자에게 '휠체어를 사면 믿음이 없는 것이다. 반드시 일어나 걷게 될 것이니 사지 말고 금식기도를 하라'라고 했대요. 그러면서 그 환자가 금식하고 휠체어를 사지 않겠다는 거예요. 재활병원에서는 휠체어를 타는 법 등 앞으로 살아가는 방법을 환자들에게 가르쳐야 하는데 말이죠. 또 마비 환자가 계속 누워 있는 상태에서 금식하면 욕창이 생긴다고요."

그런데 그 환자가 내게 와서 또 말했다.

"전도사님, 제게도 기적이 일어날 수 있지 않나요?"

기적이 일어나지 않는다고 할 수도, 반드시 일어날 거라고도 말할 수 없었다. 내가 그에게 말했다.

"우리 함께 기도하며 왜 이런 일이 일어났는지 먼저 생각해보고, 앞으로 어떻게 살아야 할지도 생각해봅시다."

이처럼 대부분 자신의 병을 받아들이길 매우 어려워한다. 이럴 때 억지로 받아들이게 해서는 안 된다.

그렇게 부정하다가 몇 군데 병원을 다니며 확인한 후에 사실을 인정하게 되면 화를 내기 시작한다. 두 번째 단계가 바로 '분노'이다. "내가 뭘 잘못했느냐"라고 하며 하나님을 원망하기도 한다. 또 가장 가까운 사람에게 온갖 욕설을 퍼붓기도 한다. 보호자, 간병인, 간호사 그리고 병원의 원목과 전도사들에게까지. 그런데 의사에게는 쉽게 욕을 하지 않는다. 그들이 자신들을 치료해준다는 생각에 잘 보이고 싶기 때문이다.

미국에서 목회하던 50대 초반의 한 목사님이 병원에 입원하셨다. 천 명 이상 되는 교회의 담임목사님이었다. 추운 겨울, 새벽기도를 끝내고 뇌출혈로 쓰러지셨다. 그 후 언어장애가 와서 더 이상 목회를 하실 수 없게 되었다. 사모님이 격양된 어조로 말했다.

"하나님이 정말 계십니까? 우리가 뭘 잘못했습니까?"

그런데 그 교회의 장로님들이 오셔서 말했다.

"아이고, 목사님도 대강 좀 하시지, 만날 몸도 안 돌보시더니…."

또 교회에서 목사님의 치료비를 교회 재정으로 내는 걸 부담스러워했는지 사모님이 내게 섭섭한 마음을 토로했다. 그래서 내가 장로님들에게 조용히 말했다.

"목사님이 안타까워서 하시는 말씀은 좋지만 사모님에게 언짢은 말씀은 하지 마세요. 자기 몸을 돌보지 싫지 않은 사람이 어디 있겠어요. 열심히 일하다가 쓰러지셔서 지금 화가 많이 나 있을 거예요. 만약에 장로님이 저 상황이라면 어떠시겠어요? 분노하는 게 당연합니다."

환자나 보호자가 이 단계를 거치고 있을 때 전도하러 가면 “내가 장애인이 되었으니 예수를 믿으라고 찾아왔느냐, 예수를 믿고 죽으라고 저승사자로 왔느냐”라고 모진 말을 내게 쏟아낸다. 그래서 이 단계에서는 섣불리 전도해서는 안 된다. 그냥 실컷 화낼 수 있도록 내버려두어야 한다.

한 교통사고 환자가 사고 가해자가 보험회사에게만 맡기고 나타나지 않는다면서 화를 냈다. 그래서 나도 같이 화를 냈다. 그가 심한 욕설도 서슴지 않기에 나도 똑같이 했다. 한참 같이 욕을 하는데 그 환자가 말했다.

“아니, 전도사님도 욕할 줄 아시네요?”

그렇게 한참 같이 욕을 하다가 그가 말했다.

“자기도 면목이 없으니까 못 오는 거겠죠.”

어느 새 그는 가해자를 용서하고 있었다. 이 분노의 단계에서는 그들의 이야기를 공감하며 들어줘야 속에 있는 화가 다 밖으로 쏟아져 나온다. 그래야 다음 단계로 갈 수 있다.

다음은 ‘타협’의 단계이다. 그때부터는 환자들이 협상을 하기 시작하는데 주로 하나님께 한다.

“제가 낫기만 하면 교회에 꼭 가겠습니다. 십일조를 하지 않았던 것도 한꺼번에 다 내겠습니다. 이제라도 신학교에 들어가서 주의 종이 되겠습니다.”

이때는 교회에 다니라고 말할 필요가 없다. 내가 "저는 병원 전도사입니다"라고 하며 병실에 들어서기만 해도 나를 반기며 예수를 믿겠다고 한다. 주로 이 단계에서 같이 기도하고 예수님을 영접하게 된다.

그런데 시간이 흘러 병이 낫지 않으면 급격히 우울해지면서 예배 시간에 나타나지도 않는다. 그런데 이럴 때 초신자와 모태 신자의 차이가 보인다. 초신자들은 상태가 조금만 좋아지면 "할렐루야"를 외치다가도 안 좋아지면 곧바로 풀이 죽는다. 그에 반해 모태 신자들은 한결같다.

미리 보여주신 위로

병이 낫지 않으면 '우울'의 단계에 이른다. 우울증이 사람을 얼마나 피폐하게 하는지 모른다. 나도 남편이 죽고 난 뒤에 아이들과 사는 게 막막해서 한때 이 병에 걸려 무기력하게 지냈다.

하루는 집에 보일러가 고장이 났다. 수리 비용이 얼마나 드는지 알아보려고 교회 집사님에게 전화를 걸었다. 그랬더니 보일러 기술자를 데리고 왔다. 안면이 있는 사람이었다. 그런데 그 집사님이 무슨 말을 했는지 그가 말했다.

"형편이 어렵다는 말을 들었어요. 공짜로 해드릴게요."

내가 말했다.

"수고하시는데 공짜는 안 되고 싸게 해주세요."

그가 그날 고치고 간 뒤에 다음 날 밤에 보일러가 잘 돌아가는지 확인하러 우리 집에 들렀다고 한다. 나는 퇴근이 늦어 못 만나고 아이들만 있을 때 와서 점검해주고 갔다. 그다음 날도 또 왔다고 하는데 나는 만나지 못했다. 그랬더니 그가 아이들에게 내 귀가 시간을 물어서 셋째 날에는 그 시간에 맞춰서 왔다.

그날도 나는 퇴근하자마자 바로 부엌으로 가서 쌓여 있는 설거지를 하고 있었다. 그때 아이들이 말했다.

"엄마, 아저씨가 보일러가 잘 돌아가는지 또 보러오셨어."

내가 보일러가 잘 되어서 감사하다고 인사를 했다. 그랬더니 그가 커피를 한 잔 줄 수 있냐고 물었다. 좀 늦은 시간이었지만 보일러 수리를 공짜로 하다시피 했기에 커피를 타주었다.

그런데 그가 탁자에 앉아 커피를 마시려는 순간, 갑자기 현관문이 열리더니 한 여자가 신발을 신은 채 뛰어 들어왔다. 그러더니 남자를 막 때리고 멱살을 잡고 밖으로 끌고 나가면서 소리를 질렀다. 그 밤에 동네 사람들이 다 나올 정도로 큰소리로 말했다.

"과부란 년이 내 남편을 꼬여서 보일러를 공짜로 수리했어요!"

나는 기가 막혀서 가만히 서 있었다. 그 여자가 말했다.

"얼굴은 반반하게 생겨가지고 왜 공짜로 수리를 했냐고?"

아이들이 큰 소리를 듣고 2층에서 뛰어내려왔다. 내가 놀라 말도 못하고 고개만 흔드니까 아이들도 고개를 끄덕였다.

나는 그날부터 우울증에 걸려 밤에 잠을 자지 못했다. 그리고 집 밖으로 한 발자국도 나갈 수가 없었다. 그러면서 생각했다.

'남편이 죽고 없다고 사람들이 나를 우습게 여기는가? 그 시간에 커피를 달란다고 타준 내가 지혜롭지 못했구나.'

나는 방에 드러누워만 있었다. 아이들이 배가 고프다고 해도 밥을 하기가 싫었다. 그리고 아이들에게 말했다.

"우리, 이대로 죽자. 더 살아서 뭐하겠니? 엄마가 망신을 당하는 걸 너희들도 봤지? 나는 더 살고 싶지가 않구나."

그랬더니 딸이 울면서 말했다.

"아빠도 없는데 엄마까지 죽으면 우리는 어떻게 살아? 안 돼!"

그때는 아이들도 눈에 보이지도 않고, 죽고만 싶었다.

'아, 이래서 사람들이 극단적인 선택을 하는구나.'

아이들에게 밥도 알아서 먹으라고 하고, 청소도 하지 않은 채 계속 누워만 있었다. 그때, 문득 남편이 죽기 전의 일이 생각났다. 우리 교회에 함경숙 권사님이란 분이 계신다(당시는 집사였다). 고상한 얼굴에 하얀 코트를 입고 출퇴근을 해서 내가 옆집 사람한테 뭐하는 분이냐고 물었더니 세브란스병원에 다닌다고 했다.

그런데 그 집에 중학생 남자아이가 둘이 있는데 가끔 담을 넘어 집에 들어가곤 했다. 처음에는 남의 집 아이들인 줄 알고 왜 그 집에 들어가느냐고 물었더니 열쇠가 없어서 그렇게 들어간다고 했다.

얼마 후 내가 은광교회에 나가게 되었고, 그 분과 같은 구역 식구가 됐다. 남편은 그 부인이 혼자 아이 둘을 키운다는 걸 알고는 마음 아파하면서 맛있는 음식이나 좋은 게 있으면 꼭 갖다주라고 했다. 하루는 내가 속이 상해서 말했다.

"뭘 자꾸만 갖다주라고 해요? 그 집사님은 안 갖다줘도 얼마든지 살 수 있어요. 세브란스병원에 다닌대요."

그런데 내가 주지 않으니 남편이 몰래 갖다주는 게 아닌가! 나는 더욱 그의 호의가 의심스러웠다. 내가 계속 의심을 하자 나중에는 남편이 주지 말자고 했다.

그리고 남편이 죽고 난 뒤에 목사님 내외분이 심방을 오셨는데 무슨 말씀을 하셔도 내 귀에는 들리지 않았다. 심지어 나를 위로하는 사모님에게 "사모님은 남편이 계시니 나한테 그런 말씀하지 마세요"라고 말했다. 교회 권사님들이 와도 마찬가지였다. 그런데 함경숙 권사님은 달랐다. 권사님이 찾아와 내 손을 잡고 말했다.

"나는 둘째 아들이 돌도 되기 전에 혼자가 되었어. 삼십 대 초에 과부가 된 나도 살았어. 너도 살 수 있어."

순간, 나는 뒤통수를 맞은 것 같았다. 하나님께서 내가 혼자 될 걸 아시고, 먼저 그 권사님이 사는 걸 보여주신 것인데 나는 그녀를 미워하고 의심하기만 했다. 나는 깊이 회개했다.

'아, 내가 그때 저 권사님한테 나쁜 마음을 가졌더니 나도 뜻밖의 사람한테 당한 거구나.'

권사님이 "나도 살았다"라고 한 말만 내 귀에 들렸다. 나보다 더 어린 나이에 돌도 안 된 아이를 안고 혼자 된 사람의 말이기 때문이었다. 그 후 우리가 세브란스병원에서 같이 일하게 될 줄은 정말 몰랐다. 함 권사님과 함께 일하면서 나는 참 많은 도움을 받았다.

가장 큰 치유자

상처를 받아본 사람이 다른 사람의 상처도 치유해줄 수 있다. 그래서 상처 받은 예수님이 우리의 가장 큰 치유자가 되신다.

장애인 환자들이 내게 말한다.

"장애인이 되고 나니 돈도, 집도 없어 더욱 괴롭습니다. 휠체어를 타고 집을 얻으러 다니면 살 만한 집이 없어요."

그러면 내가 말한다.

"지금 우리는 가난하지만 우리보다 더 가난하게 살았던 이가 있었어요. 바로 예수님이시지요. 그분은 천지와 우주 만물을 지으셨고, 배고픈 자를 먹이셨고, 보리 떡 다섯 개와 물고기 두 마리로 수천 명을 먹이신 부자셨죠. 그런데 이 땅에 오셔서 배가 고파 설익은 무화과 열매를 구하셨고, '공중에 나는 새도 보금자리가 있고 여우도 굴이 있는데 나는 머리조차 둘 곳이 없다'라고 하셨어요. 그 예수 그리스도를 보고 우리의 가난을 위로받읍시다."

한 연로한 환자가 또 말한다.

"내가 중풍에 걸리니까 애지중지하며 키웠던 자식들이 서로 나를 맡지 않으려고 싸웁니다. 내가 돈이 있고 건강했을 때는 자주 찾아오던 친구들도 발을 끊었고, 교인들마저도 오지 않네요. 정말 큰 배신감이 듭니다."

그러면 나는 이렇게 위로한다.

"이 세상에서 가장 큰 배신을 당하셨던 분이 바로 우리가 믿는 예수님이십니다. 그분은 죽은 자를 살려주셨고, 병든 자를 고쳐주셨고, 배고픈 자를 먹여주셨어요. 그런데 그분이 십자가를 지고 골고다로 올라갔을 때 누가 그 십자가를 대신 지고 싶어 했습니까? 제자들은 도망가기 바빴어요. 죽기까지 따르겠다던 베드로도 세 번이나 부인했지요. 가룟 유다는 그분을 팔아먹기까지 했습니다. 가장 큰 배신을 당한 그 예수 그리스도를 바라보며 우리를 배신한 사람들을 용서해줍시다."

그러자 한 환자가 말했다.

"맞네요. 나를 치고 뺑소니를 친 그 사람을 오늘부터 용서하겠습니다."

예수 그리스도를 바라볼 때 우리의 상처가 치유된다.

믿음의 주요 또 온전하게 하시는 이인 예수를 바라보자 그는 그 앞에 있는 기쁨을 위하여 십자가를 참으사 부끄러움을 개의치 아니하시더니 하나님 보좌 우편에 앉으셨느니라 히 12:2

우울의 단계가 오래 가는 사람이 있고, 또 이 단계에서 자신의 삶을 포기하는 사람도 있다. 이 단계가 끝나면 '순응'의 단계에 들어선다. 나도 무기력증에서 벗어나고서야 이런 생각이 들었다.

'그 권사님도 홀로 아이 둘을 데리고 병원에서 일하는데 나도 할 수 있어!'

그래서 자리를 털고 일어나 가장 먼저 이불 빨래를 했다. 그릇도 전부 꺼내어 깨끗하게 닦고, 집안 구석구석을 청소했다. 그리고 아이들을 씻기고 옷을 깨끗하게 입혀 중국집에 가서 마음껏 먹으라고 했다. 아이들이 좋아하며 말했다.

"엄마, 오늘은 탕수육을 먹어도 돼?"

"그래, 우리 실컷 먹고, 정신을 차리고 살아보자."

그러자 딸이 활짝 웃었다. 그 모습을 보며 나는 생각했다.

'이제부터 새로 시작하는 거야.'

그래서 아이들을 데리고 남편의 산소에 갔다. 그전에 갔을 때 꽃을 살 돈이 없어서 들꽃을 꺾어서 갔더니 아이들이 "엄마, 꽃을 또 꺾어야 돼?" 하고 물었다. 내가 말했다.

"아니, 이제 꺾을 필요 없어. 다시는 여기에 안 올 거야."

그리고 남편 무덤 앞에 서서 말했다.

"당신은 여기에 있는 게 아니라 하늘나라에 있는 거야. 나는 당신이 원망스러웠어. 어떻게 애 둘과 나를 두고 먼저 갈 수 있는지…. 하지만 이제부터는 원망하지 않고, 여기에도 다시 오지 않을 거야. 당신은 지금부터 하늘나라에서 우리를 위해 기도해야 해. 내가 아이들을 데리고 이를 악물고 살아볼 테니 우리를 위해 기도하라고!"

나는 거의 소리를 지르다시피 말하고, 아이들을 데리고 집으로 돌아왔다.

돈보다 지혜

나는 병원에서 다른 사람이 한 가지 일을 하면 두 가지 일을 했다. 우리 병원의 목회자들은 대부분 해외의 유명 신학교를 나온 박사들이 많다. 그런데 나는 내세울 게 없다 보니 정말 열심히 신앙생활과 병원생활을 했다.

일 년에 한 번씩 간호국 직원들의 수고를 격려하기 위해 '간호국의 날' 행사를 했다. 연대동문회관에서 500명 정도 모여서 여러 행사를 준비하여 즐겁게 보냈다. 그런데 한번은 이상미 간호부원장님이 내게 말했다.

"전도사님, 동문회관에서 행사를 하다 보니 500명만 참석할 수 있어요. 전체 간호사가 2,000명이 넘는데 모두에게 혜택이 돌아가지 않으니 어떻게 하면 좋을까요?"

그래서 나는 하나님 앞에 기도했다.

'하나님, 제게 지혜를 주십시오.'

그러고 나서 말했다.

"잠깐만 기다려보세요. 방법이 있을 거예요. 제가 알아보도록 할게요."

그러자 다른 전도사들이 내가 또 일을 벌인다고 하며 그만하라고 말렸다. 내가 이미 '연세 재활병원 환우의 날'을 만들어 일 년에 한 번씩 행사를 열고 있는 걸 알기 때문이었다.

마비 환자들은 몸만 마비됐을 뿐이지 생각은 우리와 같다. 그런데 그들이 할 수 있는 일이 없다 보니 자포자기한 채 살아가는 경우가 많았다. 그래서 재활의학과의 박창일 교수님이 이들에게 스포츠를 가르쳐 새 삶을 살게 했다. 아마 우리나라에서는 처음으로 세브란스 재활병원에서 장애인 스포츠를 시작했을 것이다.

1993년부터 우리는 척수장애인들을 위해 홈커밍 데이(Homecoming Day) 행사를 하고 있다. 병원에서 퇴원하여 집에 돌아간 환자들은 일 년 내내 바깥 구경을 한 번도 못하는 경우가 많았다. 그래서 6월 마지막주 토요일에 연세대학교 청송대로 그들을 초대하여 잔치를 했다.

한번은 나도 그 잔치에 참석했는데 그곳에서 연희동성당의 수녀님들이 도시락을 나눠주고 있었다. 그래서 내가 사회사업사에게 물었다.

"왜 수녀님들이 왔나요?"

사회사업사가 내게 말했다.

"비용이 200만 원 정도 드는데, 후원을 해주겠다는 교회가 없어서 성당에서 해주고 있어요."

나는 그들에게 고마우면서도 한편으로는 안타까웠다.

'왜 교회에서는 이런 일을 하지 못하는가?'

그래서 다음 해부터는 내가 직접 하겠다고 했더니 원목실의 전도사들이 무슨 돈으로 하냐며 걱정을 했다. 그래서 나는 기도를 하고, 병원 옆에 있는 염산교회(당시 오신주 담임목사님)로 갔다.

"저는 세브란스병원의 전도사입니다. 은광교회에 다니고 있고요. 목사님, 여전도회의 헌신예배 때 제가 간증 집회를 할 수 있게 해주십시오."

오 목사님이 흔쾌히 허락해주셔서 여전도회 집회를 할 수 있었다. 그리고 사례비로 10만 원을 주시기에 내가 말했다.

"제가 이걸 안 받을 테니까, 대신에 마지막 주 토요일에 떡을 좀 해주세요."

또 목사님이 친구 분의 교회에 나를 소개해주셨다. 그래서 각 교회를 다니며 집회를 했고, 사례비 대신에 음식을 부탁했다. 그중 안산의 낙원교회(당시 공병철 담임목사님)에서는 돼지를 잡아서 부흥회를 했다. 그래서 내가 돼지를 두 마리만 더 잡아서 토요일에 와 달라고 부탁했다. 그렇게 해서 행사 당일에 성대한 뷔페가 준비되었다. 그때 나는 생각했다.

'아, 돈이 없어도 지혜가 있으면 되는구나.'

그때부터 거의 10년 동안, 이 행사 준비로 은광교회의 교인들이 수고해주었다. 이후 추수감사절과 부활절과 성탄절에도 원목실 전도사들이 팔을 걷어붙이며 밥을 했더니 병원 직원들이 "원목실 행사에는 뷔페를 준다"라며 모였다(내가 아프고 난 후부터는 병원에서 비용을 부담하여 준비하고 있다).

이런 경험이 있었기에 나는 2,000명의 간호사들을 모두 초청하는 행사도 할 수 있을 것 같았다. 그런데 모두 믿지 않는 분위기였다. 그래서 내가 말했다.

"저는 못하지만 하나님께서는 하실 수 있습니다."

나는 "절대 못한다, 안 한다"라는 말을 잘 하지 않는다. 왜냐하면 예수님을 믿는 사람이기 때문이다. 나는 못하지만 하나님은 하실 수 있다는 것을 믿는다. 그래서 "제게 능력을 주십시오. 지혜를 주십시오"라고 구한다.

또 내게 가장 큰 자산이 있다면 주변에 좋은 사람이 많다는 것이다. 국내뿐 아니라 해외까지 집회를 워낙 많이 다니다 보니 알게 된 사람들이다.

"제가 그 인맥을 동원하면 되니까 걱정하지 마십시오."

그러고 나서 집회했던 교회들에 부탁했다.

"우리 병원에서 간호국의 날 행사를 하는데 돈을 드릴 테니 음식을 좀 해주세요."

또 담임목사님의 배려로 교인들까지 동원되어 그 행사를 8년이나 할 수 있었다.

당당하고 아름답게

내가 늘 하는 말이 있다.

"나는 달란트가 없습니다. 다른 사람보다 잘할 수 있는 게 없습니다. 그러나 '열심'을 달란트로 삼고 있습니다. 여러분들도 열심히 하시기 바랍니다. 그리고 '더는 못한다, 안 한다'라는 패배감에 젖어 있지 마세요. 그리스도의 사랑 안에서 누가 우리를 끊을 수 있겠습니까? 주님이 저를 사랑하는 한 누구도 나를 해하지 못합니다."

누군가 내게 심한 말을 하고, 오해를 한다고 해도 나는 늘 자신만만했다. '언젠가는 진실을 다 알게 될 테니까'라고 생각하며 마음을 다잡았다. 하지만 그전에 오해받을 만한 소지가 없도록 조심해야 하는데 나는 그것이 부족했다. 그 때문에 동네 사람들 사이에 이상한 소문이 난 적도 있다.

"저 전도사는 밤마다 남자도, 차도 바뀐다."

집회가 끝나면 늦은 시간이라 교인들이 집까지 태워다주었다. 그것을 본 동네 사람들이 오해를 한 거였다. 그 뒤로는 교회 차가 아니면 타지 않았다. 또 한번은 시댁 친지 한 분이 전화를 하셨다.

"시골에 가니까 네 소문이 무성하더라."

"왜요?"

"누가 포항의 여관 앞에서 너를 봤단다."

나는 지방으로 집회를 갈 때면 아이들과 더 많은 시간을 보내기 위해 가급적 밤차를 이용했다. 그런데 포항은 워낙 멀어서 어쩔 수 없이 다음 날 첫 비행기를 타기 위해 공항 부근에 있는 여관에 묵곤 했다. 그 여관에 가면 주인 할머니가 내게 말했다.

"나쁜 사람들이 많으니까 새댁은 내 옆방에서 자요."

그리고 아침에 교회 목사님들이 오셔서 나를 공항까지 데려다주었는데 사람들이 그것을 보고 소문을 냈던 것이다. 사실 남편이 없으니까 별의별 오해를 많이 받았다(예전에는 과부에 대한 선입견이 지금보다 훨씬 강했다).

예전에는 길에서 술에 취해서 다니는 사람을 보면 '저런 남자와 사는 아내가 불쌍하다'라고 생각했다. 그런데 남편이 죽고 나니까 '저런 남자와 살아도 그 아내는 과부라는 소리는 안 듣겠지'라는 생각이 들었다. 이런 약한 마음이 들 때도 있었지만 나는 늘 당당하려고 노력했다.

그리고 나는 환자들도 절대 울지 못하게 한다. 장애인이라고 해서 비굴하게 굴지 말고 당당하라고 강조한다. 더 아름답게 꾸미고 화장도 하고 다니라고 말한다. 장애인일수록 더 당당하고 예뻐야 한다고.

그래서 내가 외국 집회에 다니면서 받은 사례비로 장애인 스포츠단을 만들었다. 그때 창설한 휠체어 농구단과 함께 일본 교토로 원정 경기를 간 적이 있다. 그런데 경기를 하는 족족 다 지고 말았다. 돌아오는 길에 서러워서 정말 많이 울었다. 그래서 하나님께 간절히 기도했다.

'하나님, 다음에는 우리 팀들이 노력한 만큼 결실을 얻게 해주세요.'

그리고 마침내 그 기도가 이루어졌다. 2014년 인천 장애인아시안게임에서 휠체어 테니스팀이 동메달을 받았다.

그들이 목에 건 것은 동메달이었지만 내 눈엔 정말 밝게 빛나는 금빛으로 보였다. 그들이 흘렸던 땀과 눈물을 알기 때문이었다. 시상대 위에 서서 자랑스러워하며 만족해하던 그들의 모습을 나는 잊지 못한다.

5장

주고 또 주는 사랑

3천 번이 넘는 집회

나는 2012년 12월에 정년퇴직을 했지만 지금도 병원에 나오고 있다. 병원에서 정년퇴직한 나를 재고용하여 계약직으로 3년째 일하고 있다. 정년퇴직을 앞두고 지나온 삶을 다시 되돌아보았다. 몸이 열 개라도 모자랄 정도로 바삐 살아왔다. 하나님께서 가라고 하신 곳은 어디든, 어느 때든 달려가 집회를 했다.

솔직히 처음에는 내가 이렇게 많은 집회에 다닐 거라고 생각하지 못했다. 하루는 신문사 국장을 지냈던 우리 교회의 김용일 장로님이 내가 집회를 다녔던 교회의 주보를 가져오면 스크랩을 해주겠다고 했다. 나는 속으로 '워낙 스크랩하는 걸 좋아하셔서 그런가 보다' 하고 생각했다.

그런데 시간이 흘러 장로님이 소천하신 후에 그 분의 아들이 내게 줄 게 있다고 했다. 그동안 내가 다녔던 교회의 주보를 모아 둔 거였다. 거기에 한국 교회의 주보 변천사라 할 만한 세월의 흔적이 고스란히 담겨 있었다. 그러다 그 수를 세어보게 되었고, 그동안 내가 3천 번 넘게 집회에 다녔다는 걸 알게 됐다(세어본 후에 내가 더 놀랐다).

주안장로교회의 김경구 장로님이라는 분이 있다. 이 분은 우리 병원에서 7번의 뇌수술을 받고 회복되었다. 신경외과의 이규창 교수님이 말하기를 2만 명 중에 1명이 나올까 말까 한 기적이라고 했다. 하지만 여러 번의 수술 후유증으로 장로님은 약간의 인지 장애를 갖게 됐다. 그의 아내의 말에 의하면 초등학생 정도의 지능을 갖게 되었다고 했다.

그런데 그가 "김복남 전도사님은 3천 번 이상의 집회를 한 세계 최고의 전도자"라고 말하고 다녔다. 사람들은 그런 그의 말을 믿지 않았고, 그의 가족들조차 나를 곤란하게 하지 말라며 그를 말렸다. 그럼에도 그는 계속 그렇게 말하고 다녔고, 그 때문에 나는 예상치 못한 곳에 가서 집회를 해야 하는 경우가 많았다.

정년퇴직을 앞두고 나는 집회 횟수를 정확히 헤아려보고자 자료를 정리했다. 그랬더니 2012년 말까지 무려 3,577번의 집회에 갔고, 그중에 해외 집회에도 100번 이상 갔다. 어린아이 같다고 아무도 믿지 않았던 김경구 장로님의 말이 맞았다. 또 내가 그렇게 할 수 있었던 건 정말 놀라우신 '하나님의 은혜'라고밖에 말할 수 없다.

비행기도 멈추는 사람

딸이 언젠가 내게 말했다. 학교에서 가장 존경하는 사람의 이름을 적어내라고 했을 때 '엄마'라고 적었더니 친구들이 깜짝 놀랐다고.

어느 날은 아들이 "우리 엄마는 달리는 버스도 세우고 타는 사람"이라고 말했다. 두 아이들의 손을 잡고 뛰니까 버스 기사가 가다가 멈춘 적이 있었다. 그래서 내가 말했다.

"얘들아, 엄마는 날아가는 비행기도 멈추는 사람이야."

대구 평강교회에서 수요 저녁 집회가 있었다. 오후 5시쯤 퇴근해서 바로 김포공항으로 갔다. 6시 비행기를 타면 7시 반쯤 교회에 도착해 집회를 할 수 있을 거라고 생각했다.

그 주간의 주일에 전남 영광의 한 장로교회 연합집회에 갔다. 그런데 한 목사님이 소아마비를 앓았는데 보조기를 착용하지 않고 생활했는지 척추가 많이 휜 상태였다. 그래서 내가 물었다.

"아니, 목사님, 보조기도 안 차고 그렇게 사셨어요?"

"농촌 교회 목사들의 형편이 그렇지요. 그냥 이대로 살다가 가야지요."

내가 말했다.

"안 됩니다. 제게 오시면 무료로 만들어드릴게요."

그런데 수요일에 대구에서 집회가 있는 걸 깜빡 잊고 그 목사님과 약속을 잡았다.

"담당 의사 선생님이 외래를 보는 날이 수요일이니 그때 꼭 오세요."

그리곤 그날에 진료 예약을 해버렸다. 뒤늦게 약속이 겹친 걸 알고는 급히 목사님에게 전화를 해서 말했다.

"오후 4시 이전까지 꼭 오셔야 합니다."

그런데 목사님이 오후 3시가 되어도 오시지 않아서 집으로 전화를 하니 사모님이 받으셨다.

"새벽기도를 마치자마자 가셨어요. 지금쯤 도착해야 하는데 이상하네요."

4시가 가까워오자 불안해지기 시작했다. 외래 진료가 끝날 시간이기도 하고, 내가 5시에는 어떤 일이 있어도 공항으로 가야 했기 때문이다. 그런데 4시 반이 되어도 목사님이 오시질 않았다. 지금 같으면 휴대폰으로 확인이라도 할 수 있었을 텐데 그때는 방법이 없었다. 그래서 내가 안절부절 못하며 전도사들한테 당시 사정을 이야기했다.

"아이고, 비행기 시간에 늦으면 안 되는데…."

"목사님이 늦으신 걸 어쩝니까? 목사님은 한 사람이고, 대구에는 몇백 명이 모였을 텐데 약속을 어길 수 없잖아요."

그러면서 전도사들은 빨리 공항에 가라고 내 등을 떠밀다시피 했다. 그때가 4시 50분이었는데 발걸음이 쉽게 떨어지질 않았다. 그래서 하나님께 기도했다.

'제가 어떻게 해야 합니까? 목사님을 기다려야 하나요, 아니면 지금이라도 비행기를 타러 갈까요?'

하나님께서 내 마음에 말씀하셨다.

'너는 병원전도사야. 수백 명의 교인보다 단 한 명의 환자가 네게 더 중요하지 않니?'

또 내가 먼저 해드린다고 말해놓고 그냥 가버리면 목사님이 큰 상처를 받을 것 같았다. 5시 10분쯤 되니 목사님이 온몸을 비틀거리며 오고 계셨다. 그 모습을 보니 내 마음이 무너졌다.

'저 몸으로 먼 길을 승합차를 몰고 올라오면서 얼마나 힘들었을까?'

나는 그 시골 목사님을 끌어안고 말했다.

"목사님, 빨리 오십시오. 의사 선생님에게 제가 충분히 얘기를 했습니다."

그렇게 목사님이 진료실로 들어가시는 걸 보고서 나는 공항으로 향했다. 전도사들이 이미 비행기는 탈 수 없으니 가봐야 헛고생이라고 했지만 나는 최선을 다해 가는 데까지 가보겠다고 했다. 그리고 병원에서 나와 급히 택시를 탔다.

'주님, 성산대교가 많이 막힐 것 같은데요.'

그리고 눈을 감고 있는데 길이 하나도 막히지 않아서 생각보다 공항에 빨리 도착할 수 있었다. 그러나 내가 타려던 대한항공 비행기는 막 출발한 후였다. 맥이 쭉 빠져서 다음 비행기의 출발 시간을 확인하니 7시였다. 그런데 그마저도 매진이었다. 그래서 어쩔 수 없이 대구의 목사님에게 전화를 걸려고 막 돌아서려는데 아시아나항공의 6시 20분 발 비행기가 서 있는 게 보였다. 나는 놀라서 아시아나 항공사 쪽으로 뛰어가 물었다.

"아니, 어떻게 6시 20분 발 비행기가 있나요?"

항공사 직원이 말했다.

"5시 반에 출발했어야 할 비행기가 지연되었습니다."

그런데 출발이 20분밖에 남아 있지 않았다. 지금 탈 수 있냐고 물었더니 게이트로 연락해보겠다고 했다. 수속을 하고 뛰어 들어가는데 방송에서 내 이름이 나오면서 빨리 타라고 했다. 그렇게 나는 겨우 비행기에 탈 수 있었다. 그리고 조금 늦기는 했지만 집회를 무사히 마칠 수 있었다.

눈물의 간증 집회

몇 년 전 대구 서부교회에 집회를 간 적이 있었다. 간증을 하는 내내 예배당 안은 온통 눈물바다였고, 나도 울면서 간증했다. 목사님과 성도들이 함께 울어주어 내게는 큰 위로가 되었다. 또 그때 내 간증을 통해 그들이 받은 은혜의 이야기를 하나도 빠뜨리지 않고 전해주신 남태섭 담임목사님에게 감사를 드린다. 다음은 목사님이 직접 써주신 글이다.

수년 전에 김복남 전도사님을 초청하여 간증을 들었습니다. 본당 전체가 눈물바다가 되었고, 예배 후에 성도들이 얼굴이 퉁퉁 부은 채로 나왔습니다. 그때 저를 비롯한 모든 성도들이 흘린 눈물은 동정과 연민의 눈물이 아니었습니다.
우리의 모든 연약함을 체휼하시고 죽기까지 낮아지셔서 복종하신 그리스도께서 우리가 고통받는 가운데 함께 계셨다는 걸 '그제야 보게 된 눈물'이었지요. 저는 생각했습니다.
'십자가 위에서 신포도주를 거부하면서까지 우리를 위해 고통받으신 그리스도가 어찌하여 이제야 보이게 된 것일까?'
전도사님의 간증을 들으면서 처음에는 귀를 기울였고, 그다음은 정수리에 손을 얹게 되었고, 급기야는 가슴을 치면서 울게 되었습니다. 전도사님은 십자가를 깊이 경험한 분이었습니다.
그녀의 삶에는 번쩍번쩍하고 화려한 기적보다는 조용한 그리스도의 사랑이 있었습니다. 그래서 그리스도께서 연약한 우리를 위로하셨던 그 시간만큼 그녀 또한 수많은 환자들을 위로했습니다. 그럼에도 그녀는 사랑하는 사람이 암으로 하늘나라로 떠나는 걸 막지는 못했습니다. 그러나 하나님께서는 아픔과 절망에 빠진 자들이 그녀를 통해 고통의 밤에 함께하시는 그분을 보도록 눈을 열어주셨지요.

저는 전도사님의 간증을 들을 때마다 아픔 속에 있는 소망을 봅니다. 신앙은 초월이 아니라 인내이며, 사랑은 기적이 아니라 잠잠한 이해라는 걸 깨닫게 됩니다. 지금까지 믿음 하나만을 붙들고 왔는데 이해할 수 없는 고통을 당하신 분들에게 김복남 전도사님의 간증을 꼭 들어보라고 권하고 싶습니다.

'하나님께서 왜 내게 이런 고통을 허용하셨는가, 아픔 속에 숨겨진 진정한 보화가 무엇인가' 하는 것을 이 상처 입은 치유자의 고백을 통해 보게 될 것입니다.

관광 대신 베푼 사랑

아들이 미국의 뉴욕에 있을 때였다. 나는 아들이 보고 싶어서 뉴욕이나 뉴저지 쪽에서 집회 요청이 있으면 바로 승낙을 하곤 했다. 한번은 서부 샌디에이고의 한 교회에서 요청이 있었다. 거기서 주일까지 집회를 하고 월요일 아침이 되었다. 그다음 집회는 금, 토, 주일에 잡혀 있었다(사람들은 서부 관광을 권했지만 나는 해외 집회에 가도 절대 관광을 하지 않는다).

그래서 며칠간 아들과 보낼 생각으로 전화를 했다.

"정수야, 아이다호에서 뉴욕으로 가는 항공권을 구해봐라."

"엄마, 왜요?"

"너한테 가려고 그러지."

그러자 아들이 말했다.

"얼마나 먼 길인데요. 오지 마세요."

하지만 난 한번 가고 싶으면 꼭 가야만 한다. 그래서 짐을 싸서 샌디에이고에서 아이다호로 갔다. 목사님에게 뉴욕행 비행기표를 부탁드렸더니 저렴한 항공권을 끊어주셨다. 그래서 뉴욕에 도착해 보니 새벽 1시였다. 새벽기도가 끝나고 출발해서 하루 종일 비행기만 탄 것이었다.

공항에서 나와 택시를 타야 하는데 좀 무서운 생각이 들었다. 그래서 그중에 가장 착해 보이는 택시 기사의 차를 탔다. 그러고는 그에게 아들의 주소를 줬다. 당시 아들은 이정찬이라는 선배(현재 뉴욕 총영사관 근무)의 아파트에 방 하나를 얻어서 살고 있었다. 그 집에는 이전에 딱 한 번 가보았다. 그런데 기사가 자꾸 이상한 데로 가는 것 같았다.

'아들이 오지 말라고 했는데 괜히 와서 잘못되는 건 아닌가….'

그런데 기사가 정직하게도 일방통행이어서 어쩔 수 없이 돌아왔다며 요금을 돌려주었다. 아파트 앞에 도착했는데 초인종을 어떤 걸 눌러야 할지 몰라서 나는 그 아래에서 아들의 이름을 불렀다.

"정수야!"

아들이 자다가 놀라서 급히 내려왔다.

"엄마, 웬일이에요?"

"미국까지 와서 너를 보지 않을 수 있겠니?"

집안으로 들어가 아들의 방을 둘러보니 이불이 너무 더러웠다. 아들이 돈을 아낀다고 빨지 않았던 것이다. 그래서 내가 욕조에 물을 받아 이불을 밟아 빨아서 베란다에 걸쳐 널었다. 그랬더니 빨래에서 물이 계속 떨어져서 아래층에 사는 중국계 미국인이 고소한다고 난리를 쳤다. 아들이 난감해하며 내게 말했다.

"아이고, 엄마는 힘들다면서 왜 또 일을 만드세요?"

아들에게 좀 미안한 마음이 들었지만 어쩔 수 없었다. 그래서 아들이 좋아하는 육개장을 해주려고 하니까 함께 사는 선배의 부인이 임신한 것에 마음이 쓰였다. 그녀에게 뭘 먹고 싶냐고 물었더니 호박죽과 빈대떡이 먹고 싶다고 했다. 나는 마트에 가서 장을 봐서 원하는 음식들을 해서 냉동실에 넣어두었다.

그렇게 아들과 3일 동안 있다가 아이다호로 돌아오니 얼마나 피곤했는지 입술이 다 부르텄다. 그래도 아들과 선배 부부에게 뭔가를 해줄 수 있다는 게 참 감사했다.

복을 주기 위해 태어난 사람

해외로 간증 집회를 다니다 보면 힘든 점이 많았다. 아이들이 어릴 때는 그들만 집에 두고 가야 하는 마음의 부담과 장거리 이동에 대한 체력적 부담이 있었다. 그런데 내 간증을 통해 은혜를 받는 사람들을 보면 오히려 내가 더 큰 은혜를 받곤 했다. 그래서 여러 곳으로 집회를 다니면서도 지치지 않을 수 있었다.

기억에 남는 교회와 사건들이 참 많지만 그중에서도 미주 연합감리교단에서는 처음으로 나를 강사로 세워준 미국 샌디에이고의 한인연합감리교회를 잊지 못한다. 그곳에서 여러 번 간증을 했는데 그때마다 놀라운 은혜가 있었다. 감사하게도 이성현 담임목사님이 간증 집회를 통해 교인들이 받은 큰 은혜에 대해 나누어주셨다. 다음은 이 목사님이 직접 써주신 글이다.

"목사님, 우리 교회에 디자이너 앙드레 김(본명 김봉남) 선생님이 오시나요?"

예전에 섬기던 LA드림교회의 한 교인이 김복남 전도사님의 간증 집회 소식을 듣고 물었습니다. 제가 말했습니다.

"그 분보다 이 세상을 더 아름답게 만들어줄 사랑을 나눠주시는 김복남 전도사님이십니다."

전도사님은 이름처럼 정말 '남에게 복을 주기 위해서 태어난 분'인 것 같습니다. 그녀가 들려주는 하나님의 복을 경험한 이들의 이야기는 사실 그들의 이야기라기보다는 그들을 통해 역사하신 하나님의 이야기라는 생각이 듭니다.

그 이야기를 통해 나와 교인들이 많은 복을 받았는데, 그중에서도

'믿음의 복'을 받았습니다. 잔잔한 목소리로 들려주는 자신의 삶과 병원에서 만난 사람들의 이야기에는 진한 감동이 배어 있습니다. 그 이야기를 듣고 있으면 마음이 움직여지고 주님을 찾는 믿음의 길을 걷게 됩니다.

또 '소망의 복'을 받았습니다. 전도사님은 사람들의 아픔과 고통의 이야기를 들어주며 그들의 회복을 돕는 사명을 감당하고 있습니다. 이 사역에서 흘러나온 긍정적이고 희망적인 메시지는 각박한 이민생활로 지친 이들에게 용기와 힘을 주었습니다. 실제로 저와 교인들이 이 간증을 들으며 고난 중에도 소망을 발견하게 됐고, 큰 위로와 격려를 받았습니다.

마지막으로 '사랑의 복'을 받았습니다. 전도사님이 미국에 오실 때면 교제를 하는데, 늘 제게 도움을 주고 싶어 하십니다.

"목사님, 어느 교회에 가니 사순절에 이런 프로그램을 하더군요. 어느 교회는 송구영신 예배를 이렇게 드려서 참 감동적이었어요."

저는 전도사님의 이런 조언이 감사합니다. 이것은 사랑이 없으면 그냥 지나칠 수도 있는 것이기 때문입니다. 사소한 것일지라도 기억해두었다가 꼭 조언해주십니다. 저는 전도사님이 나누는 그 사랑의 혜택을 참 많이 받았습니다.

그래서 전도사님의 간증에는 사랑의 힘이 있습니다. 이것을 통해 우리 교인들과 내가 얼마나 많이 변화되었는지 모릅니다. 아마도 실제로 삶으로 살아낸 전도사님의 이야기이기에 가능하리라 생각

됩니다. 제 삶에 나타나는 하나님의 역사 드라마로 우리의 마음이 촉촉한 은혜의 단비로 적셔지고, 우리가 쓰는 이야기로 계속 이어지기를 바랍니다.

뜨거운 가슴으로 녹여낸 가시

내가 이렇게 많은 사람들 앞에서 간증 집회를 할 수 있었던 건 한 권사님의 기도 덕분이었다. 지금은 돌아가신 진현봉 권사님이 내게 말씀하셨다.

"내가 죽어서도 너를 위해 기도할 거야. 그러니 넌 반드시 훌륭한 주의 종이 되어야 한다."

지금까지 내가 살 수 있었던 건 우리 교회 분들의 헌신과 기도 덕분이었다. 교인들이 부모 형제나 친척보다 더 나았다. 다들 바쁜 생활로 남편을 잃고 홀로 된 나를 돌아보지 못할 때도 교인들이 매일 나를 찾아왔다. 그리고 나를 돕기 위해 17명의 후원회를 조직하기도 했다.

하루는 연세가 많은 권사님들이 나를 불렀다.

"얘야, 우리는 늙어서 너희 집에 가서 밥이나 빨래를 해줄 수가 없구나. 그래서 하루에 세 번, 시간을 정해놓고 너를 위해 기도하고 있단다."

그러나 부끄러운 고백이지만 나는 한때 교회에 가시 같은 존재였다. 교인들에게 사랑을 받을 만한 자격이 없는 사람이었다.

한번은 교회에 목사님의 거취 문제로 불거진 어려움이 있었다. 그때 내가 앞장서서 의견을 냈고, 남편은 앞장서서 그 일을 막았다. 남편과 내 뜻이 맞지 않다 보니 결국 나는 다른 교회로 가게 됐다. 그런데 나를 따라올 줄 알았던 남편이 오지 않았다.

지금은 아니지만 우리가 처음 교회를 다닐 때만 해도 교인들의 80퍼센트가 한 지역 출신이었다(1980년대는 지역감정이 무척 심했다). 담임목사님과 부목사님, 교육전도사와 심지어 관리인들까지 그 지역이 고향인 분들이었다. 그러다 보니 교회에서 예수님에 관한 이야기보다는 정치 이야기를 더 많이 듣게 되었다. 그리고 자연스럽게 타 지역 사람들이 소외되었다.

이에 불만을 가진 몇몇 타 지역 출신의 사람들이 모여 "교회는 지역편향주의에 빠지면 안 된다. 목사님들의 출신 지역도 골고루 배분하여 청빙해야 한다"라고 불만을 토로했다. 그러나 타 지역 사람들이 수적으로 열세였고, 여러 면에서 불리해서 결국 교회를 떠나게 되었다. 나도 그 대열에 동참했다.

나중에 남편이 나를 따라 나오지 않은 이유를 말했다.

"예수님 안에서 국가와 민족과 인종도 초월하는데, 편을 나누어 대립하는 건 예수님을 믿는 사람들이 할 일이 아니야. 또 내가 주일학교 아이들과 성가대를 두고 어디로 간단 말이야."

그래서 나 혼자 다른 교회로 옮겨 다니다 슬그머니 다시 돌아왔다. 그러나 여전히 교회에서는 내가 불편한 존재였다. 여전도회 총회가 있는 날이면 부목사님들이 내 입에서 어떤 말이 나올지 긴장하며 듣곤 했다.

그래서 내게 닥친 고난을 보고 그들이 외면을 해도 나는 할 말이 없었다. 그런데 교인들은 나와 달랐다. 내가 멀리하던 지역 출신의 권사님들과 장로님들이 먼저 나를 찾아오셨다. 그리고 나를 끌어안고 같이 먹고 살자며 이렇게 기도하셨다.

"하나님, 이게 성질은 좀 못됐지만 잘 다듬어 쓰시면 한몫 단단히 할 일꾼이 될 겁니다."

김용일 장로님은 내 아이들에게 큰아버지 역할을 해주셨다. 어떤 친척도 그렇게 할 수 없을 정도로 우리 가족을 아껴주셨다. 그리고 아들이 장가갈 때는 그 누구보다 혼사를 기뻐하시며 아픈 몸을 이끌고 손님을 맞아주셨다.

"이한태 집사(남편)가 떠났으니 내가 아이들을 아버지처럼 잘 돌봐줘야 하는데…."

내가 입원한 지 2개월 후에 장로님이 간암으로 입원하시게 되었다. 당시 뇌종양 수술을 받은 나는 장로님과 한 병동에 있게 되었다. 내가 방사선 치료를 받는다고 하자 본인도 암 투병 중임에도 병실에서 꽤 먼 치료실까지 따라오셨다. 그리고 나를 끌어안고 기도해주셨다.

이렇게 교인들이 뜨거운 가슴으로 가시 같은 나를 녹였다. 만약 그들이 나를 돌아보지 않았다면 나는 이미 죽었을지도 모른다.

혹시 당신 주변에 가시 같은 사람이 있는가? '그 사람만 없으면 구역이 편할 것 같고, 전도회가 더 잘 돌아갈 텐데' 하는 생각을 하고 있을지도 모르겠다. 그런데 그 가시를 빼버리면 그 영혼이 죽는다. 그리고 우리에게는 상처로 남게 된다. 그 가시를 끌어안고 사랑으로 녹여내길 바란다. 그것이 하나님께서 말씀하신 진정한 사랑이다.

사랑은 주고 잊는 것

나는 교인들의 뜨거운 사랑으로 녹여진 사람이다. 많은 곳을 다니며 간증했지만 그중에서도 제일 많이 간증했던 곳이 우리 교회다. 내 이야기를 듣고 또 들었을 텐데 교인들은 내게 간증을 자주 부탁했다. 내 간증을 듣고 가장 많이 우는 것도 우리 교인들이다.

처음 간증 집회를 다닐 때는 많은 사람들 앞에서 편하게 이야기하지 못했다. 그때 교인들이 교회 버스를 빌려 타고 나를 따라다니며 응원을 해줬다. 나는 자연스럽게 그들을 보며 간증했고, 한결 편하게 할 수 있었다.

언젠가 일산에 있는 한 교회에 간증을 하러 갔다. 우리 교회의 서정숙 권사님과 오권애 권사님이 맨 뒤에 앉아 기도하는 모습이 보였다. 나는 깜짝 놀랐다.

"권사님, 이 교회에 어쩐 일이세요?"

"내가 일산에 사는데 지나가다 보니 네 간증 집회 현수막이 붙어 있더라. 그래서 열심히 잘하라고 기도하러 왔지."

그러고는 내가 간증하는 한 시간 내내 두 분이 머리를 숙이고 기도하셨다. 누가 나를 위해 그토록 기도할 수 있겠는가! 나는 교회와 교인들의 은혜를 정말 잊지 못한다.

'밥퍼 목사'로 유명한 다일공동체의 최일도 목사도 은광교회 출신이다. 나와는 교회 선후배로, 그가 나를 '누님'이라고 부른다. 그는 청년 시절에 교육전도사로 일하면서 청년들을 몰고 다녀서 혹시 그들이 잘못되지는 않을까 장로님들이 걱정하기도 했다.

그러던 어느 날, 최 목사가 이른바 '청량리 588'에서 버림받아 상처 입은 사람들과 밥과 라면을 나누겠다며 '밥퍼 공동체'를 시작했다. 그가 사랑을 실천하려는 마음을 인정하고, 교회의 청년들이 밥솥을 사들고 따라나섰다.

권오훈 장로님은 그의 영적 아버지가 되어 소천하는 날까지 그 일을 도왔다. 김용일 장로님도 형이 되어 그를 도왔다. 오늘날의 다일공동체는 최일도 목사와 교인들이 사랑으로 빚어낸 작품이다.

가끔 그를 만나면 내가 말한다.

"우리가 언제적 최일도고 김복남이냐? 교인들이 우리의 밑천을 다 알고 있는데 개구리가 올챙잇적 생각을 못하면 안 돼. 그 사랑을 평생 잊으면 안 된다."

"알아요. 누님, 절대 안 잊어요."

최 목사는 사랑이 참 많은 사람이다. 그도 뜨거운 사랑을 받아봤기 때문에 베풀 수 있는 것이다.

2006년에 창립 50주년을 맞이했을 때 이동준 담임목사님이 말씀하셨다.

"저는 이 교회의 담임이 된 걸 자랑스럽게 여깁니다. 교회가 설립된 지 50년이 지나는 동안 제가 세 번째 담임목사입니다. 우리 교회는 목사님을 내보낸 적이 한 번도 없습니다. 싸워서 갈라진 적도 없습니다. 부부 장로, 형제 장로, 은퇴 장로님들이 이렇게 많은 교회도 드물 것입니다."

나도 은광교회의 교인인 게 정말 자랑스럽다. 사랑은 허다한 허물을 덮는다고 했다. 교인들이 내 허물을 크고 놀라운 사랑으로 덮어주었다.

그 사랑을 조금이라도 갚으려는 마음에 교인들에게 식사를 대접하려고 했더니 권사님들이 내게 말했다.

"우리가 너한테 뭘 해줬다고 한 턱을 내니?"

내가 말했다.

"저를 위해 늘 기도해주셨잖아요. 집에 와서 밥도 해주시고, 이불 빨래도 도맡아 해주셨고요. 아이들이 아플 때는 저 대신 병원에도 데리고 가시고, 신발이 닳으면 사주셨잖아요. 그리고 아무도 제 생일을 챙겨주지 않을 때, 케이크를 사들고 오셨고요."

권사님들이 말했다.

"아이고, 우리는 이미 다 잊어버렸는데 별걸 다 기억하고 있구나. 얘야, 우리가 네게 한 걸 기억하고 있다면 그건 하나님의 사랑이 아니란다. 사랑은 주고 잊어버리는 거란다."

그 말을 듣고 나는 매우 부끄러웠다. 그때까지 나는 누군가에게 도움을 주고 나면 어떤 식으로든 생색을 내는 사람이었다. 내 것이 아닌 것을 가지고도. 지금은 늘 생각한다.

'사랑은 주고 잊어버리는 거야!'

6장

절망을 넘어 희망으로

내가 예수를 믿어도 되나요

어린 시절에 톨스토이의 《사람은 무엇으로 사는가》를 읽고 큰 감명을 받았다. 그 책에서는 사람이 '사랑'으로 살아간다고 말한다. 정말 맞는 말이다. 나는 병원에서 환자들을 유심히 살핀다.

'저들은 고통 가운데서 어떤 힘으로 5년, 10년, 20년을 버틸 수 있는 것인가?'

그들은 하나같이 사랑으로 살아가고 있었다. 많은 환자들이 내 곁을 스쳐 지나갔지만 유독 기억에 남는 이들이 있다. 가장 애를 많이 먹인 환자들과 정말 말을 잘 듣는 환자들, 이 두 부류이다.

그중에 지독하게 나를 괴롭혔던 한 사람이 있었다. '털보'라고 불리던 이 환자는 구레나룻과 앞가슴에 털이 수북하게 나 있었다. 하지만 털 때문이 아니라 난폭한 행동 때문에 그렇게 불렸다. 그와 같은 병실에 입원한 환자들마다 같이 못 있겠다며 옮겨달라고 할 정도였다.

그는 옆에서 보기에도 딱할 정도로 입만 열면 욕을 하고 소리를 질렀다. 또 휠체어를 타고 다니면서 주변 사람들에게 행패를 부리기도 했다. 그래서 퇴원을 시키려고 해도 보호자가 없어 그럴 수도 없었다. 간병인들도 이틀이 멀다 하고 바뀌었다. 그러자 담당의사가 내게 상담을 해보라고 했다.

내가 심리실에 먼저 보내보라고 제안했는데 그가 욕을 하고 난리를 쳐서 검사할 수가 없다고 했다. 할 수 없이 내가 그의 병실로 가게 되었다.

"안녕하세요. 전 이 병원의 전도사입니다."

그가 나를 보더니 눈을 부라리며 소리를 질렀다.

"뭐야! 내가 병신이 되었으니 예수를 믿으라고 찾아왔어? 나한테 하나님을 믿으라는 소리를 하면 죽여 버릴 거야!"

그러면서 온갖 욕설을 퍼붓는데 내 평생 그렇게 많은 욕을 들어보기는 처음이었다. 그의 병실이 5인실이라 옆에 있던 환자들이 다 보고 있었다. 우리 병원이 기독교 병원인 걸 알기 때문에 타 종교인들도 목회자라고 하면 무례하게 굴지 않는다. 나는 무안해서 얼굴이 벌겋게 되어 바로 나왔다. 그리고 간호사 데스크로 가서 말했다.

"저 환자에게는 도저히 말도 못 붙이겠어요. 내게 욕하는 것 좀 봐요. 정신과 치료를 먼저 받게 하는 게 좋을 것 같아요."

그런데 정신과로 보내야 한다는 내 말이 그의 귀에 들어간 모양이었다. 자기를 미친 사람으로 취급한다며 나를 죽이겠다고 여기저기 찾아다닌다고 했다. 한 간호사가 내게 전화했다.

"전도사님, 우리 병동에 오지 마세요."

그런데 어느 날, 내가 병실에 올라갔는데 그 털보 아저씨가 얌전하게 휠체어에 앉아 창밖을 내다보고 있었다. 간호사에게 어떻게 된 거냐고 물었더니 "건드리지 마세요. 잘못하면 큰일 납니다"라고 해서 조용히 피했다.

그런데 며칠 후에 그가 원목실로 불쑥 들어왔다. 그러더니 환자복 안으로 손을 쑥 집어넣는 게 아닌가! 나는 그가 칼을 꺼내는 줄 알고 깜짝 놀랐다.

'아, 난 이제 죽겠구나. 내가 죽으면 우리 애들은 어쩌지? 이 사람을 어떻게 달래야 죽지 않을 수 있을까?'

여러 가지 생각이 스쳐갔다. 순간, 그가 품에서 하얀 봉투를 꺼냈다. 나는 그가 유서를 써온 거라고 생각했다. 극도의 절망감에 빠진 환자들이 죽고 싶다며 상담을 해오는 경우가 많기 때문이었다. 그런데 그가 내민 흰 봉투에 지폐가 들어 있는 게 보였다.

'유서도 아니고 돈이라니… 헌금을 하려고 왔을 리는 만무하고 또 무슨 트집을 잡으러 왔을까?'

나는 궁금했지만 겁이 나서 먼저 물을 수가 없었다. 그가 내게 말했다.

"전도사라고 하셨지요? 지난번에는 죄송했습니다."

그러면서 자기 이야기를 하기 시작했다.

"저를 정신과로 보내라고 했을 때는 전도사님을 찾아서 가만두지 않으려고 했어요. 그런데 어느 날, 가만히 생각해보니 제가 정말 미쳐가고 있는 게 느껴져서 스스로 정신과를 찾아갔지요."

그가 정신과에 갔더니 한 의사가 "지금까지 어떻게 살아왔는지 과거를 얘기해달라"라고 했다고 한다. 그래서 자기는 과거 따위는 없다고 했더니 의사가 "말씀하시기 싫으면 하지 마세요"라고 했다고 한다. 그런데 하지 말라고 하니 오히려 말하고 싶어져서 자기 이야기를 했다고 한다.

"저는 나이도 성(姓)도 정확하게 모릅니다. 어느 고아원에 버려졌고, 원장의 성을 따라서 이름이 지어졌고, 그때 발견된 그 나이가 지금 나이죠. 제 생각으로는 호적의 나이보다 두세 살은 많을 것 같아요."

목사가 운영하는 고아원이었고, 어디서 먹을 것이 들어오는 것 같은데 원생들은 언제나 배가 고팠다. 그래서 '여기에 더 있다가는 굶어죽을지도 모르니 도망쳐야겠다'라고 생각하고 그곳에서 나와 절로 들어갔다.

절에서는 굶기지는 않았는데 스님이 수도(修道)를 시킨다며 "물을 떠오라, 나무를 해오라"라고 하며 때리는데 그 매가 무서워서 다시 도망쳤다. 그리고 어느 집의 꼴머슴(소 먹이는 어린 머슴)살이를 했다. 그 집에서는 밥도 굶기지 않고, 때리지도 않았다. 그런데 한 사람 몫을 단단히 할 수 있는 청년이 됐는데도 돈도 주지 않고, 장가도 보내줄 생각을 하지 않기에 무작정 서울로 올라왔다.

하지만 배운 기술도 없고, 학교도 다니지 않아서 할 수 있는 게 막노동 일밖에 없었다. 그래서 사고가 나기 전까지 지하철 공사장의 선발대로 들어가 주로 다이너마이트를 터뜨리는 일을 했다. 그렇게 하루 벌어 하루 먹고 살고, 노름을 하고, 술을 마시며 방탕한 세월을 보냈다.

그러다 마흔이 된 어느 날, 공사장의 폭파 현장에서 암반이 떨어지면서 허리를 다쳐 하반신 마비가 됐다. 그런데 자기가 소속된 하청업체 대표는 보상해줄 능력이 안 된다며 고소하라고 했고, 건설회사 측은 하청 업체의 책임이라며 발뺌했다. 설상가상으로 동거하던 여자까지 월세 보증금을 챙겨서 집을 나가버렸다. 그가 울분을 토하며 말을 이었다.

"내가 하반신 마비가 됐는데 누구도 책임지지 않는 이런 세상을 왜 살아야 합니까?"

혼자 죽기가 억울해서 누구라도 죽이고 자기도 죽으려고 했는데 첫 번째로 걸려든 사람이 나였다고 한다.

'그래, 하나님이 있다면 나를 이렇게까지 놔뒀겠어? 하나님은 없어. 하나님 대신 저 전도사라도 죽여야겠다.'

그런데 그 정신과 의사가 자기 이야기에 끝까지 귀를 기울여주었다고 한다. 그가 말했다.

"이때까지 살아오면서 제 이야기를 진지하게 들어준 사람이 아무도 없었어요. 그 의사가 제 말을 다 듣더니 손을 잡으면서 '참 억울한 인생을 살았군요. 내가 당신이었더라도 그렇게 화가 났을 것입니다'라고 말했지요."

그러면서 그에게 지극히 정상이라고 말했다.

"당신이 정상이 아니라면 제가 약을 처방해줄 수 있지만 정상이기에 도와줄 게 아무것도 없습니다. 대신 제가 예수 믿는 사람이니 당신을 위해 기도를 해주고 싶습니다."

그러면서 그의 손을 꼭 잡고 기도를 했다. 그때 어린 시절에 고아원에서 기도했던 생각이 났다. 밥을 먹을 때 감사히 먹겠다고 했지만 항상 배가 고파서 감사한 줄 몰랐다. 그는 생각했다.

'세브란스병원이 예수쟁이 병원이라고 하더니 별짓을 다하는구나.'

그러면서 속으로 의사 욕을 하고 있는데 자기 손등에 뜨거운 눈물이 뚝뚝 떨어졌다. 하지만 의사가 자기를 위해 눈물을 흘리며 기도하는 모습을 보면서도 그의 마음에 아무런 감동이 없었다. 그런데 기도가 끝난 뒤에 의사가 서랍을 열더니 봉투에 뭔가를 넣어 자기 손에 쥐여주면서 말했다.

"병원에 있으면 돈을 쓸 일이 많을 거예요. 아직 보상 문제가 해결이 안 됐으니 급한 대로 이거라도 보태 쓰십시오."

그는 엉겁결에 사양도 못하고 돈을 받아들고 휠체어를 밀고 진찰실에서 나왔다. 그런데 갑자기 가슴이 뜨거워지고 목젖이 당기면서 눈물이 흘렀다.

"전도사님, 평생 저는 제대로 울어본 적이 없어요. 고아원에서는 아무리 울어도 누구 하나 관심을 가져주지 않았기 때문이죠. 그래서 슬픈 영화를 봐도 눈물이 나오지 않았어요."

그는 병실로 돌아와 가만히 생각했다.

'세상에 나쁜 놈들만 있는 줄 알았더니 좋은 사람도 있구나.'

그러면서 놀라운 말을 했다.

"그 의사가 믿는 예수를 나도 믿어도 될까요?"

내가 말했다.

"하나님은 형제님을 사랑하고 기다리고 계셨습니다."

나는 감격하여 그의 손을 잡고 사영리를 전한 후에 예수님을 영접하는 기도를 함께 드렸다.

천사로 변한 털보아저씨

그 주에 목요 찬양예배 시간에 그가 휠체어를 밀고 예배실로 들어왔다. 환자들이 내게 말했다.

"전도사님, 빨리 도망가십시오. 저 털보가 드디어 예배실까지 쳐들어왔네요."

그래서 내가 말했다

"저 분도 이제 우리처럼 예수 믿는 사람이 되었어요."

그런데 사람들이 곧이듣지를 않았다. 그가 휠체어를 타고 맨 앞자리에 앉아 찬송을 부르는데 찬송가를 거꾸로 들고 있는 게 보였다. 글을 몰랐던 것이다. 그래서 그가 6개월 정도 입원해 있는 동안에 대학생 자원봉사자를 통해 한글을 배울 수 있게 해주었다. 그랬더니 금방 글을 깨우쳐서 퇴원할 무렵에는 성경도 읽고, 찬송도 부를 수 있게 되었다.

그는 나와 같이 환자 심방을 다니고 예배 시간이 되면 사람들을 부르러 다니기도 했다. 모두 그를 보며 '예수를 믿으면 사람이 저렇게 달라지구나' 하며 신기해했다.

또 전도도 많이 했다. 나중에는 자기는 하반신은 못 쓰지만 손은 움직일 수 있다면서 전신마비 환자들을 섬겼다.

"제가 소변을 뽑아드릴까요? 매점에 가서 뭘 좀 사다드릴까요?"

그가 퇴원할 때 우리는 그를 '천사 털보'라고 불렀다. 퇴원 후에 들려오는 소식에 의하면 그를 마지막으로 돌보던 간병인(권사님)의 양아들이 되었고, 그의 딱한 사정을 알고 건설회사에서 적당한 보상을 해주었으며, 좋은 여자를 만나 가정도 이루었다고 한다. 더 놀라운 건 불완전마비였던 그가 일어설 수 있게 됐고, 지팡이를 짚고 걷게 되었다고 한다.

나는 곰곰이 생각했다.

'나는 못했는데 어떻게 그 의사는 한순간에 그를 변화시킬 수 있

었을까?'

처음에 내가 그를 만났을 때 "전 이 병원의 전도사입니다"라고 공손히 말했지만 속으로는 그를 판단하고 있었다. 내가 아무리 겉으로 친절히 대했어도 그는 느끼고 있었을 것이다. 나는 그를 경멸하는 마음으로 찾아갔지만 그 의사는 짧은 시간이었지만 진심으로 그를 만난 것이다. 그래서 나는 결심했다.

'앞으로 말로써 사람들에게 감동을 주는 전도사가 아니라 내 몸과 물질과 시간을 바쳐서 사랑하고, 진심으로 그들의 이야기에 공감해야겠구나.'

또한 그의 눈높이에서 이해하지 못했던 걸 회개했고, 내가 변해야 상대방도 변할 수 있음을 깨달았다. 세상에 변하지 않는 사람은 아무도 없다. 사랑이 사람을 변하게 한다. 진실한 사랑 앞에서는 누구라도 변화될 수 있다.

화장실에서 드리는 기도

하반신이 마비된 사람들에게 휠체어를 타고 다니는 불편함보다 더 큰 어려움이 있다. 바로 변의(便意)를 느끼지 못하는 것이다. 소변이나 대변이 마렵다는 느낌이 없기에 시간에 맞춰 뽑아내야 한다. 그 감각을 잃어서 방광이 차서 소변이 역류하는데도 모르고 있을 때가 많다. 그대로 두면 큰일 난다. 또 대변을 보려면 약을 넣어야 한다. 급하면 손가락으로 긁어내기도 한다.

이런 안타까운 모습을 날마다 보기에 나는 밥 먹을 때만이 아니라 화장실에서도 감사기도를 드린다. 먹고 마시는 것 이상으로 다른 사람의 도움 없이 화장실에 다녀올 수 있어서 정말 감사하다.

폐암에 걸린 한 환자가 내게 이런 말을 한 적이 있다.

"세상에서 가장 쉬운 게 숨 쉬는 건 줄 알았는데 폐암에 걸리고 보니 이게 가장 힘드네요."

우리가 호흡할 수 있는 것도 참 감사한 일이다.

하반신이 마비된 사람보다 더 힘든 환자들이 있다. 목을 다쳐서 전신이 마비된 사람들이다. 그들이 사용하는 휠체어는 목까지 받쳐줘야 해서 좀 더 크다. 요즘에는 교통사고가 많다 보니 이런 환자들이 많다.

또 계단에서 미끄러지거나 의자가 뒤로 넘어지면서 부딪쳐 중증 장애인이 되기도 한다. '나는 절대로 장애인이 되지 않을 거다'라고 장담하지 말라. 성경에도 내일 일을 자랑하지 말라고 하신다.

> 너는 내일 일을 자랑하지 말라 하루 동안에 무슨 일이 일어날는지 네가 알 수 없음이니라 잠 27:1

뜻밖의 작은 실수로 '아차' 하는 순간에 평생을 장애인으로 살게 될 수도 있다. 그들이 내게 말한다.

"내가 하반신마비만 됐더라면 얼마나 좋을까요? 손이라도 움직일 수 있다면 내 손으로 휠체어를 밀고 다니면서 무슨 일이라도 해서 먹고 살 수 있을 텐데…."

전신마비 환자 가운데도 손을 조금은 움직일 수 있는 사람들이 있다. 이를 '불완전마비'라고 한다. 그들은 숟가락이나 포크를 끼운 보조기를 손목에 묶어 밥을 먹는 연습을 한다. 작업 치료실에서는 숟가락으로 콩을 떠서 입에 넣는 연습을 시키는데 밥 한 숟가락을 입에 떠 넣기 위해서 수백 번의 연습을 해야 한다.

그래서 나는 밥을 먹을 때 이렇게 기도한다.

"하나님, 제게 일용할 양식을 주셔서 감사합니다. 같은 나라에서 북쪽에 태어났다는 이유로 굶어 죽어가는 동포들이 있습니다. 그들도 함께 먹게 해주십시오. 스스로 밥을 떠먹지 못하는 마비 환자들, 팔이 없는 환자들이 있습니다. 그들도 함께 먹게 해주십시오. 입맛이 없어서 먹지 못하는 암 환자들이 있습니다. 그들도 입맛이 있게 해주십시오. 예수 그리스도 이름으로 기도합니다. 아멘."

그런데 이들보다 더 안타까운 사람들이 있다. 뇌를 다쳤거나 뇌수술을 받았는데 의식이 돌아오지 않아 입으로 음식을 먹지 못하는 사람들이다. 코나 배로 연결된 호스를 통해 시간에 맞춰 유동식을 주입해야 한다. 그런 상태가 3년, 5년, 10년이 지나면 깨어날 수 있는 확률은 점점 낮아진다.

언젠가 그런 환자의 보호자가 내게 말했다.

“남편이 교통사고로 식물인간이 된 지 10년이 지났어요. 유치원에 다니던 딸이 대학생이 됐는데 남편은 깨어나질 않고 있어요. 이제는 그가 일어서고 걷는 것도 바라지 않아요. 단지 깨어나서 내가 아내인 걸 알아보고, 한 번만이라도 ‘여보’라고 불러준다면 아무것도 바랄 게 없어요.”

혹 남편이 돈을 적게 벌어다주고, 집안일을 거들어주지 않는다고 불평하고 있다면 마음을 바꿔서 ‘건강하게 내 옆에 있어주는 것만으로 감사하다’라고 말했으면 좋겠다.

살 수 있는 이유

우리 병원에서 웃음소리가 넘쳐나는 곳이 있다. 바로 신생아실이다. 그곳에 있는 아기들이 꼼지락거리는 모습을 보고 있으면 기분이 절로 좋아진다. 그런데 신생아실이 아닌데도 웃음이 끊이질 않는 곳이 있었다.

한 전신마비 환자 옆에 사람들이 둘러앉아 있었다. 그리고 그가 하는 말을 들으면 다들 깔깔거리며 웃느라 정신이 없었다. 그는 11년 전에 전신마비가 된 환자였는데 얼굴이 해와 같이 빛났다. 간호사들도 그가 있어서 병실과 병동 분위기가 밝아졌다고 했다.

나는 아무도 없을 때 그에게 가서 물었다.

"선생님 덕분에 많은 사람들이 즐겁게 병원생활을 하네요. 어쩌면 그렇게 유머가 풍부하세요?"

그가 말했다.

"저는 삼십 대 초반에 택시기사를 하다가 교통사고로 전신마비가 되었습니다. 처음 3년 동안은 죽을 생각만 했지요. 살아 있어봤자 아내와 아이들에게 짐만 될 테니까요. 내가 죽으면 젊은 아내가 재혼이라도 할 수 있잖아요. 그런데 어떤 시도를 해보려고 해도 몸을 움직일 수 없으니 소용이 없었지요.

이런저런 궁리를 하다가 아내에게 약을 구해달라고 부탁했지요. 그런데 아내가 울면서 말하더군요. 내가 살아 있으면 자기가 과부라는 소리, 아이들이 애비 없다는 소리는 듣지 않는다고요. 그러니 제발 살아만 있어달라고. 자기가 내 팔과 다리가 되어 평생 밥도 먹여주고, 옷도 입혀주고, 다 해줄 거라며 절 사랑한다고 말했어요."

그는 잠시 숨을 고르더니 말을 이었다.

"그때 속으로 생각했죠. '네가 나를 사랑한다고? 긴 병에 효자가 없다고 하는데 얼마 못가서 왜 죽지 않고 나를 고생시키나 하고 생각하게 될 거다'라고요. 그래서 아내가 배신하기 전에 미리 죽어야겠다고 생각하고 나를 제발 죽여달라고 소리를 지르며 행패를 부렸습니다. 그런 저를 아내가 5년이나 참아내더군요. 아내의 진심이 느껴졌어요.

전도사님, 제 차트를 보셨지요? 전신마비 환자인데도 욕창에 한 번 걸려본 적이 없습니다. 70킬로그램이 넘는 저를 아내가 2시간에 한 번씩 뒤집어 마사지를 해주고, 일주일에 한 번은 차를 태워서 바깥 구경도 시켜줍니다. 그러면서도 얼굴 한 번 찡그린 적이 없고, 사랑한다는 말이 입에서 떨어진 적도 없어요. 아이들도 학교에서 돌아오면 제 기저귀를 채워주면서 '아빠, 힘들지만 오래 살아줘. 이 다음에 우리가 훌륭한 사람이 될게'라고 말해줘요."

그는 자신이 아무것도 할 수 없지만 가족들에게 필요한 존재라는 생각이 들었다. 살아 있는 것만으로도 가족에게 도움이 된다는 강한 확신이 들어 정말 그런 사람이 되어야겠다고 결심했다. 그러고는 '어떻게 하면 도움을 주는 사람이 될 수 있을까' 하고 생각했다. 비록 손과 발은 움직일 수 없지만 움직일 수 있는 한 곳이 있다는 걸 알게 됐다. 바로 얼굴 근육이었다.

'움직일 수 있는 얼굴 근육으로 아이들과 아내에게 넉넉한 웃음이라도 보여줘야지.'

그래서 아내에게 TV를 틀어달라고 해서 종일 개그 프로그램을 보며 재미있는 이야기를 각색하고 흉내 내면서 가족뿐 아니라 다른 사람들에게도 웃음을 전하는 사람이 되었다고 한다.

그가 내게 말했다.

"전도사님, 제가 불쌍해 보입니까?"

나는 아무 대답도 하지 않고 가만히 있었다. 잠시 후에 그가 말했다.

"다른 사람들은 저를 불쌍하고 불행한 사람이라고 생각합니다. 그런데 저는 그렇게 생각하지 않습니다. 몸이 좀 불편할 뿐이지 불행하지는 않아요. 저를 진심으로 사랑해주는 아내와 아이들이 있으니까요."

그의 말을 듣는데 내 눈에서 눈물이 하염없이 흘렀다.

'11년 동안 손가락 하나도 움직이지 못하는 그가 웃을 수 있고, 다른 사람들을 위해 재미있는 이야기를 할 수 있는 건 바로 가족의 사랑 때문이구나.'

진실한 사랑이 전신마비 환자를 천사의 모습으로 변화시켰다.

단 한 사람이 없어서

오래전에 철도 사고로 두 다리와 한 쪽 팔을 절단한 한 환자가 있었다. 휠체어에 실려 들어오는 그의 모습은 쳐다보기가 민망할 만큼 딱해보였다. 지금은 의술이 좋아져서 의족과 의수를 할 수 있지만 당시만 해도 두 다리가 절단되면 의족을 맞출 수가 없었다. 그런데 그가 의족을 맞춰달라고 했다.

"죄송합니다. 할 수 없는 상황입니다."

두 팔에 힘이 있어야 의족을 신을 수 있는데 그는 그럴 수 없기 때문이었다. 더욱이 무릎도 절단되어 의족을 신기가 거의 불가능했다. 그래도 그가 사정했다.

"제가 비용을 다 지불할 테니 꼭 의족을 만들어주세요."

그런 그의 성화에 못 이겨 의족을 만들어주었다. 그것을 신겼지만 역시나 일어설 수는 없었다. 넘어지고 또 넘어졌다. 무리하다 보면 기존에 남아 있던 부위도 상할 수가 있어서 그를 만류했다.

그런데 어느 날, 그가 복도에서 비틀비틀 거리며 걷고 있었다. 마치 로봇이 걸어가는 것처럼 보였다. 다른 환자들이 그 사람을 보며 '로봇 아저씨'라고 불렀다. 그러면 그는 겸연쩍은 듯 씩 웃곤 했다. 누군가가 말했다.

"그 모습으로도 웃음이 나와요?"

그 말에도 그는 웃었다. 그는 예배에도 빠지지 않았다. 그때는 휠체어를 타고 오는데, 예배가 끝나자 내게 다가와 말했다.

"전도사님, 사람들이 저를 뭐라고 부르는지 아세요?"

나는 알고 있었지만 모르는 척했다.

"뭐라고 부르는데요?"

"'로봇'이라고 불러요. 하지만 전 누가 무슨 소리를 해도 악착같이 살아갈 것입니다. 남은 팔 하나마저 없어지고 몸통만 남아서 뒹굴며 살아도 반드시 살아야 해요. 제게는 어머니가 계십니다. 어머니 앞에서 자식이 먼저 죽을 수는 없죠. 아내와 딸도 있는데 그들을 두고 먼저 갈 수는 없지 않습니까?"

결국 그는 비틀거리는 걸음이었지만 걸어서 퇴원했다. 한쪽 팔에는 의수를 끼고, 두 다리에는 의족을 신고.

나는 그를 보며 느꼈다.

'그래, 내가 사랑해야 할 단 한 사람만 있어도 살아갈 수 있구나.'

한 정신과 의사가 말했다. 사람이 사랑해주고 믿어주는 단 한 사람이 없기 때문에 극단적인 선택을 한다고. 그러면서 정신과 환자들이 하는 말을 계속 들어줘야 한다. 그것이 설사 말이 되지 않는 이야기라도. 그래야만 '이 사람이 나를 믿어주는구나'라고 생각하여 마음을 열고 치료 받을 준비가 된다고 한다.

그 한 사람이 없어서 스스로 생을 마감하는 사람들이 날로 늘어가고 있다. 나를 사랑해주는 단 한 사람, 내가 사랑해야 할 단 한 사람이 없어서 잘못된 선택을 하는 것이다.

사랑으로 사는 사람

병원에는 사랑으로 살아가는 사람들이 참 많다. 50킬로그램도 안 되는 어머니가 70킬로그램이 넘는 하반신이 마비된 아들을 휠체어에 태웠다. 나는 너무 놀라서 그 어머니에게 달려갔다.

"어머니, 안 됩니다. 도와주는 사람이 올 때까지 기다리세요."

그랬더니 그녀가 말했다.

"내 자식인데… 내가 왜 못 듭니까?"

어머니이기에 자식이 무거운 줄 모르고 들었던 것이다. 빨리 물리 치료를 받으러 가야 한다고.

아들에게 콩팥을 떼어준 또 다른 어머니는 수술이 끝나고 마취가 다 풀리기도 전에 아들이 있는 병실에 데려가달라고 했다. 안된다고 말렸더니 그 어머니가 말했다.

"하나도 안 아파요. 내 아들이 어떻게 됐는지 궁금해요."

'어머니의 사랑은 하나님 사랑의 그림자'라는 말이 있다. 자식에 대한 그 사랑 때문에 자신이 아픈 것도 모두 잊어버린다.

남편이 아팠을 때 나도 교인들의 사랑으로 버텼다. 그때는 믿음이 없었기에 남편에게 "하나님은 계시지 않는 것 같다"라고 말하곤 했다. 그러면 남편이 내게 말했다.

"넌 왜 하나님이 없다고 하니? 나는 날마다 하나님을 눈으로도 보고 손으로도 만지는데…."

"당신이 보는 그 하나님을 나도 좀 보고 만져보자고요. 도대체 하나님이 어디에 계신데요?"

그러자 남편이 말했다.

"찾아와서 기도해주고, 먹을 걸 가지고 오는 성도들, 나를 위해 기도하는 친구들과 목사님들을 통해 나는 하나님을 눈으로도 보고 손으로도 만지고 있어."

한번은 남편이 위중했을 때 병원으로 교회의 권사님들이 오셨다. 그런데 앉을 자리가 없어 병실 바닥에 쪼그리고 앉아 예배를 드리셨다. 백발의 은퇴하신 권사님들이 이렇게 기도하셨다.

"하나님, 늙은 우리를 모두 데려가시고, 대신 이 젊은 종을 살려 주십시오."

일개 서리 집사를 놓고 권사님들이 그런 기도를 하셨다.

남편이 내게 말했다.

"어떤 어머니가 자식을 위해 죽지 못하겠어? 권사님들은 나를 영적인 자식으로 생각하시기 때문에 대신 죽겠다고 기도할 수 있는 거야. 나는 저 기도만 들어도 얼마나 가슴이 설레는지 몰라. 저 분들을 통해 나는 지금 하나님을 보고 있어."

남편을 위해 교인들뿐만 아니라 직장 동료들도 참 많이 기도했다. 특히 당시 남편의 직장 상사였던 소구영 목사님의 은혜를 잊지 못한다. 그는 남편이 아팠을 때 함께 금식하며 기도했다. 너무 자주 금식하는 것 같아 그의 몸이 상할까 봐 내가 말렸다. 그랬더니 그가 말했다.

"예수님이 로마 백부장의 믿음을 보시고 그 하인을 고쳐주시지 않았습니까? 내가 부하 직원을 위해 금식하며 기도하는 건 당연합니다."

그렇게 금식기도의 파도가 농협선교회 전체에 퍼져 모두가 남편을 위해 금식하며 기도했다. 소 목사님은 남편이 떠난 뒤에도 명절이나 어린이날에 잊지 않고 우리 가족을 챙기셨다. 내가 아파서 병원에 입원했을 때도 찾아와 위로하며 재정적으로 도움을 주셨다.

남편이 떠난 지 27년이 지났지만 나는 농협기독교선교회의 회원들과 소 목사님과 교제를 이어가고 있다. 그들의 변함없는 사랑과 기도 때문에 나 역시 누군가에게 그 사랑을 전할 수 있게 되었다.

가장 좋은 특효약

남편이 죽기 닷새 전, 추석을 하루 앞둔 날이었다. 남편이 아프니 명절을 쇨 수가 없었다. 가족들 모두 풀이 죽어 있는데, 교인들이 줄줄이 명절 음식을 만들어 가지고 왔다. 저녁 무렵에는 구역의 새신자까지 찾아왔다.

"교인들이 맛있는 음식이 있으면 전부 집사님 댁으로 가지고 가던데 저는 한 번도 오질 못했어요. 내일이 추석인데 애들 아빠가 이걸 선물로 받아왔네요. 우리도 처음 보는 과일이어서 처음에는 그냥 먹으려고 했는데 귀한 것이니 집사님께 갖다드려야겠다는 생각이 들었어요. 그래서 아이들이 먹으려는 걸 제가 빼앗아 가지고 왔어요."

무슨 과일인가 싶어서 봉지를 열어 보니 멜론이었다. 우리는 자주 먹는 거였지만 그는 처음 보는 과일이었던 것이다. 그 이야기를 듣더니 남편이 울면서 말했다.

"당신, 하나님이 없다고 말하지 마. 하나님은 정말 살아 계셔. 그분이 나를 사랑하셔서 새신자까지 동원하신 거야."

남편은 멜론을 도저히 먹을 수 없다며 잘 보이는 곳에 올려놔달라고 했다. 마지막에 죽어가는 닷새 동안 멜론에 담긴 그 분의 사랑을 가지고 남편은 하나님께로 갔다.

병원에서 실습할 때 남편의 주치의였던 김충배 교수님을 만났다. 그는 온갖 정성을 다했지만 더 이상은 해줄 게 없다면서 남편이 2,3개월밖에 못 산다고 했었다. 그러고 난 뒤에 그는 미국 연수를 다녀왔고, 병원에서 우연히 마주친 나를 보며 깜짝 놀랐다.

"아니, 아주머니가 웬일이세요?"

그간의 일들을 짧게 설명하자 그가 물었다.

"이 선생이 얼마나 살았소?"

"선생님, 놀라지 마세요. 1년 8개월을 버텼습니다."

그랬더니 그가 깜짝 놀랐다.

"믿음이 참 좋은 사람이었지요."

내가 말했다.

"아닙니다. 믿음이 좋았던 게 아니라 특효약을 먹고 그렇게 버텼습니다."

그가 그 약이 무슨 약인가 싶어서 눈을 동그랗게 떴다.

"그것은 '사랑'이라는 약이었어요. 교인들이 보여준 그 사랑 때문에 그렇게 버티다가 갔습니다."

그가 고개를 끄덕이며 말했다.

"맞습니다. 가장 좋은 특효약은 사랑입니다."

남편은 그 사랑을 충분히 받고 갔다. 마흔의 짧은 나이를 살았지만 여든을 산 사람보다 더 많은 사랑을 받았다.

사랑은 돌고 돈다

100세가 되도록 교회에 나오셨던 이영자 권사님이라는 분이 계셨다. 수유리 댁에서 불광동 교회까지 오시는 게 힘들 것 같아 내가 말했다.

"권사님, 힘드신데 왜 먼 곳까지 오세요? 가까운 곳에 가시든지 아드님이 목회하시는 교회로 가시죠."

"김 전도사, 내가 죽는 날까지 어떻게 이 교회를 떠날 수 있나? 내가 삼십 대에 혼자되어서 교인들 중에 나한테 돈을 꿔주지 않은 사람이 한 명도 없어. 그들이 주는 밥을 먹으며 애들을 공부시키고 살았는데 어떻게 여기를 떠나?"

그렇게 권사님은 돌아가시는 날까지 교회에 나오셨다. 나는 평생 우리 교회를 자랑할 것이다. 교인들의 사랑이 사랑의 전도사와 목사를 만들어냈기 때문이다.

권사님들이 내게 이런 말을 한 적이 있다.

"네가 꼭 우리에게 감사하고 싶거든 다른 사람에게 갚아라. 그래야 사랑이 돌고 돌아서 땅끝까지 이르게 된단다."

나는 누구에게 그 사랑을 갚아야 할까? 병원의 환자들에게 갚아야 하는데 교인들에게 받은 사랑의 만 분의 일도 갚지 못하고 있다. 나처럼 혼자된 집사님의 아이들 등록금을 대신 내준 적이 있었다. 그녀가 감사하다며 김치를 담가서 가져왔다.

"전도사님, 정말 감사한데 제가 보답할 길이 없어서 김치를 담가 왔어요."

나는 도로 가져가라고 했다.

"나도 교인들에게 신세를 많이 지고 살았어요. 그런데 그들이 다른 사람에게 갚으라고 해서 집사님에게 갚은 거예요. 다음에 형편이 나아지면 더 어려운 사람들에게 갚아주세요. 그리고 용기를 잃지 말고 열심히 살아요."

그 집사님은 종일 마트에서 서서 일을 했다. 그래서 지나가면서 볼 때마다 가슴이 아플 정도로 다리가 퉁퉁 부어 있었다. 지금은 아들과 딸이 좋은 곳에 취직했는데도 일을 계속하고 있다. 마트에서 일할 때보다 더 힘든 일을 한다. 하지만 그렇게 힘들게 번 돈을 이따금 내 손에 쥐여주기도 하고, 다른 사람에게도 아낌없이 베푼다.

사랑은 이처럼 돌고 도는 것이다. 그리스도의 사랑은 퍼져 나가야 한다. 우리끼리만 서로 사랑하면 안 된다. 그러면 우리가 믿지 않는 사람과 다를 바가 없다. 이웃을 사랑해야 한다. 그 이웃이 어떤 이웃일지라도. 특히 가난한 이웃과 낙심한 자를 찾아가야 한다. 누군가 낙심하여 절망할 때, 용기를 주고 같이 먹고 살자고 해야 한다.

내가 여유가 있으면 찾아가고, 또 여유가 없을 때라도 나를 찾아오는 사람을 박대하지 말길 바란다. 이전에 나는 가식이고 위선이라며 찾아오는 이들을 계속 밀어냈다. 그런데 그들이 끈질기게 나를 찾아왔고, 결국 내 마음을 녹였다.

사랑은 포기하지 않는 것이다. 사람의 단점보다는 장점을 보는 게 사랑이다. 우리 교인들도 내 안의 장점 중의 하나를 보고 그 많은 허물을 덮어주었다. 그 사랑 때문에 오늘날의 내가 있을 수 있었다.

유명한 토크쇼의 여왕인 오프라 윈프리가 이런 말을 했다.

"남보다 많이 가진 건 축복이 아니라 많이 나누라는 사명이다. 고난 당하는 건 불행이 아니라 다른 사람을 위로하라는 사명이다."

너는 네 떡을 물 위에 던져라 여러 날 후에 도로 찾으리라 전 11:1

강물에 떡을 던지면 언젠가 다시 돌아온다. 내가 미처 갚지 못한 사랑을 지금 딸이 갚고 있다. 종종 딸이 내 친구들을 차로 모시면서 맛있는 걸 대접하곤 한다. 친구들이 말한다.

"네 딸이 사는 건 우리가 받을게."

어려울 때마다 힘이 되어주고 물심양면으로 내게 도움을 줬던 친구들이다. 나는 아들과 딸에게 늘 이야기한다.

"누구누구는 절대 잊지 마라. 엄마가 죽은 뒤에도 그 사람들의 사랑을 잊으면 안 된다."

매일 아침마다 내게 은혜를 베푼 사람들을 꼽아가며 기도한다. 아이들에게도 그 명단을 적어주며 말했다.

"절대로 잊지 마라. 다른 사람을 사랑하며 나누면서 살아라. 우리가 그 사랑을 받아서 먹고 살았던 사람이 아니냐!"

3부

7장

기다림의 열매

지금은 거의 없지만 1990년대만 하더라도 신유의 은사에 대한 기대감이 많아 '기도했더니 나았더라'라는 이야기를 무용담처럼 하는 전도사들이 있었다. 그런데 그런 일이 내게는 한 번도 일어난 적이 없어 가끔 속상했다. 그러면 의사들이 웃으며 말했다.

"전도사님에게 신유의 은사가 있으면 큰일 나지요. 그러면 바로 병원 문을 닫아야 하잖아요."

의사들이야말로 탁월한 신유의 은사가 있는 사람들이다. 하나님께서 귀한 달란트를 주신 그들이야말로 신유의 은사가 가장 강하게 드러나는 사람들이다.

내게는 기도하여 기적이 일어났다는 대단한 간증은 없지만 그와 비슷한 일이 일어난 적은 있다. 내가 기도해서 나았다고 자기 입으로 말하고 다니는 한 사람이 있다(그런데 솔직히 고백하면 내가 기도해서 나은 게 아니었다).

천안에 있는 한 교회로 집회를 갔을 때였다. 말씀을 마치고 내려오는데 한 사람이 손을 번쩍 들었다.

"전도사님, 저 해순이 애비입니다. 전도사님이 기도해서 다 나았습니다. 이렇게 살았습니다."

그곳에 있는 사람들이 이내 기대의 눈빛으로 나를 바라봤다. 그는 내가 다니는 교회의 한 집사님의 아버지였다.

하루는 퇴근하고 집회에 갔다가 밤 11시가 넘어 집에 들어갔다. 아이들이 벗어놓은 신발을 정리하는 것부터 종일 어질러놓은 거실과 주방 청소를 다 해야 하루 일과가 끝났다.

그날도 집안일을 마치고 자정이 넘어 잠자리에 들었다. 그런데 내겐 그 시간조차 자유롭지 못했다. 환자들이 밤에 수시로 전화하기 때문이었다. 전화기를 꺼놓고 싶을 때도 많았지만 혹시 내가 전화를 받지 않아서 환자들이 잘못될까 봐 그러지도 못했다.

아이들 옆에 누워 있는데 전화벨이 울렸다. 수화기를 드니 교회 집사님의 다급한 목소리가 들렸다.

"전도사님, 큰일 났어요. 친정아버지가 열이 떨어지질 않아요. 병명도 모른 채 병원에서는 나가라고 해서 집으로 모시고 왔는데 열이 계속 올라가서 곧 돌아가실 것 같아요. 빨리 좀 와주세요."

'담임목사님이나 교구목사님도 계신데, 왜 하필 나를 부를까!'

순간, 불평하는 마음이 올라왔지만 누르면서 내가 말했다.

"걱정하지 마세요, 제가 갈게요."

그는 우리 집 근처의 달동네에 살았다. 밤 12시가 넘어 차도 못 들어갈 정도로 구불구불한 골목을 혼자 갈 수가 없어 김숙자 집사님에게 전화를 했다.

"지금 최 집사님이 친정아버지가 아프다고 와달라고 하는데 밤중이라 혼자는 못 가겠어요."

"그럼요, 못 가지요. 그냥 계세요. 제가 댁으로 갈게요."

김 집사님은 나보다 나이가 많음에도 늘 나를 '전도사님'이라고 깍듯하게 대해주었다. 우리는 밤늦게 좁은 골목길로 올라갔다. 집사님은 "주 안에 있는 나에게 딴 근심 있으랴"라고 찬양을 부르며 기쁘게 올라가고 있었고, 나는 속으로 불평불만을 쏟아내고 있었다.

가서 보니 아버지가 누워 계셨고, 딸들이 둘러앉아 있었다. 나는 방으로 들어가서 의례적으로 "사도신경으로 신앙고백을 하겠습니다"라고 기도를 시작했다. 찬송을 부르고 나서 성경 한 구절을 읽고 기도하는데 도저히 기도가 되질 않아 옆에 있던 김 집사님을 쿡 찔렀다.

"김숙자 집사님이 기도하겠습니다."

갑작스레 기도를 하라고 하자 당황한 집사님이 손사래를 쳤다. 오는 내내 찬양을 부르던 그가 불평만 하던 나보다 훨씬 잘할 것 같아 다시 "김 집사님이 기도하겠습니다"라고 말했다.

김 집사님이 체념한 듯 기도를 시작했다. 그런데 어찌나 더듬거리는지 중간에 대신해주고 싶을 정도였다. 간신히 그녀의 기도가 끝나고, 주기도문으로 예배를 마쳤다. 그런데 나를 불렀던 최 집사님의 마음이 많이 상한 듯했다. 내가 아버지의 몸에 손을 대고 간절하게 기도해줄 걸 예상했는데, 김 집사님의 어눌한 기도로 예배를 끝냈으니….

집에 돌아와 잠깐 눈을 붙이고 일어나 출근 준비를 하는데 전화가 왔다. 최 집사님이었다. 그의 아버지에게 무슨 일이 일어난 줄 알고 가슴이 덜컥 내려앉았다. 그런데 수화기 건너편에서 아주 크고 밝은 목소리가 들렸다.

"전도사님, 아버지에게 기적이 일어났어요. 지금 일어나서 밥상을 차려오라고 말씀하셨어요. 기도해주셔서 감사합니다."

그래서 내가 말했다.

"저 말고 김 집사님에게 감사하다고 하세요. 아마도 하나님께서 그 분의 마음을 기쁘게 받으신 것 같아요."

하나님께서는 달변의 기도가 아닌 더듬거려도 진심으로 하는 기도를 들어주신다. 나와는 달리 그 집사님은 동역하는 마음과 진실한 마음으로 이웃의 고통을 같이 나누고 싶어서 갔기에 하나님께서 그 기도를 들으시고 기적을 베푸신 것이다(그 집사님은 현재 우리 병원의 원목인 최형철 목사의 장모이다).

하나님이 하셨어요

내가 기도해서 병이 나은 사람은 없어도 내가 전하는 말씀을 듣고 나았다고 고백하는 사람들은 간혹 있다. 내게는 휠체어를 타거나 의수나 의족을 한 사람들이 많이 찾아온다.

어느 날, 한 건장한 청년이 나를 찾아왔다.

"전도사님, 저를 모르시겠어요?"

아무리 생각해도 누군지 알 수가 없었다.

'내가 가르쳤던 학생인가, 환자의 보호자인가?'

그가 이름을 말하자 성(姓)이 워낙 희귀해서 바로 기억해낼 수 있었다. 나는 깜짝 놀랐다.

"어머, 살아 있었네요, 일어나서 걷네요?"

그가 말했다.

"네, 제가 죽지 않고 살았습니다. 다 나았습니다. 의사선생님에게 다 나은 걸 보이러 왔는데, 그 분이 그때 치료한 게 이제야 효과가 나타났다고 하더라고요. 그런데 그게 아닙니다. 저는 하나님의 능력으로 나은 것입니다."

그는 한양대학교 공학과를 졸업한 수재로 대기업의 기획실에서 근무하던 전도유망한 청년이었다. 그를 처음 봤던 그날도 나는 평소처럼 병실을 돌며 아픈 이들을 살피고 있었다. 그런데 어디선가 통곡하는 소리가 들렸다. 소리가 나는 쪽으로 가서 보니 한 청년이 누워 있고, 옆에서 어머니가 통곡하고 있었다.

"왜 우세요?"

그 어머니가 말했다.

"전도사님, 이 병원에서도 아들을 고칠 수 없답니다. 우리는 이제 어디로 가야 합니까?"

그는 심한 척수염(척수에 감염이나 염증이 생기는 질병)을 앓고 있었다. 어느 날, 갑자기 다리가 마비가 되더니 온몸으로 퍼졌다고 한다. 암은 아니기에 강한 항생제를 쓰면 금세 나을 거라고 생각했는데 병이 점점 더 심해졌다. 급기야는 마비 증상으로 호흡 곤란까지 오자 재활병원에서는 더 이상 해줄 게 없다고 했다. 어머니는 아들이 가망이 없다는 말에 통곡을 하고 있었던 것이다.

평소에 병실을 돌아다닐 때 보면 어머니가 아들 옆에서 성경을 늘 읽고 있었다. 그날도 성경책이 있어 가만히 들여다보니 요한복음 2장이 펼쳐져 있었다.

사흘째 되던 날 갈릴리 가나에 혼례가 있어 예수의 어머니도 거기 계시고 예수와 그 제자들도 혼례에 청함을 받았더니 포도주가 떨어진지라 예수의 어머니가 예수에게 이르되 저들에게 포도주가 없다 하니 예수께서 이르시되 여자여 나와 무슨 상관이 있나이까 내 때가 아직 이르지 아니하였나이다 그의 어머니가 하인들에게 이르되 너희에게 무슨 말씀을 하시든지 그대로 하라 하니라 거기에 유대인의 정결 예식을 따라 두세 통 드는 돌항아리 여섯이 놓였는지라 예수께서 그들에게 이르시되 항아리에 물을 채우라 하신즉 아귀까지 채우니 이제는 떠서 연회장에게 갖다주라 하시매 갖다주었더니 연회장은 물로 된 포도주를 맛보고도 어디서 났는지 알지 못하되 물 떠온 하인들은 알더라 연회장이 신랑을 불러 말하되 사람마다 먼저 좋은 포도주를 내고 취한 후에 낮은 것을 내거늘 그대는 지금까지 좋은 포도주를 두었도다 하니라 예수께서 이 첫 표적을 갈릴리 가나에서 행하여 그의 영광을 나타내시매 제자들이 그를 믿으니라 요 2:1-11

"어머니, 지금 이 말씀을 보고 있었나요?"

"네."

"여기에 나오는 이 사건을 믿으세요?"

그 어머니는 아무 대답을 하지 못하다가 한참 후에 고개를 끄덕였다. 내가 또 물었다.

"그러면 이 사건이 지금도 일어날 수 있다고 믿으세요?"

대답을 하지 못하다가 믿지 못하겠다며 고개를 저었다. 나는 그녀가 매우 정직하다는 생각이 들었다. 그래서 그 성경 말씀에 대해 해석해주었다.

기적의 조건

요한복음 2장은 "사흘째 되던 날"이라고 시작된다. 그렇다면 그 사흘 동안 무슨 일이 있었던 것일까? 시간 개념에는 세상적인 시간인 '크로노스'(chronos)와 하나님의 시간인 '카이로스'(kairos)가 있다. 여기서 사흘은 카이로스의 시간을 말한다.

요한복음 1장 29절에 "이튿날 요한이 예수께서 자기에게 나아오심을 보고 이르되 보라 세상 죄를 지고 가는 하나님의 어린 양이로다", 35절에는 "또 이튿날 요한이 자기 제자 중 두 사람과 함께 섰다가", 43절에는 "이튿날 예수께서 갈릴리로 나가려 하시다가 빌립을 만나 이르시되 나를 따르라 하시니"라고 나온다.

이것은 예수님께서 제자들을 부르시는 장면이다. 1장에서 '이튿날'이라는 표현이 3번 나오고, 2장에서는 '사흘 되던 날'이라고 표현하고 있다. 그렇다면 마지막 이튿날에 무슨 일이 생겼던 것일까?

> 나다나엘이 이르되 나사렛에서 무슨 선한 것이 날 수 있느냐 빌립이 이르되 와서 보라 하니라 예수께서 나다나엘이 자기에게 오는 것을 보시고 그를 가리켜 이르시되 보라 이는 참으로 이스라엘 사람이라 그 속에 간사한 것이 없도다 나다나엘이 이르되 어떻게 나를 아시나이까 예수께서 대답하여 이르시되 빌립이 너를 부르기 전에 네가 무화과나무 아래에 있을 때에 보았노라 나다나엘이 대답하되 랍비여 당신은

하나님의 아들이시오 당신은 이스라엘의 임금이로소이다 요 1:43-49

나는 이 말씀을 읽으면서 의구심이 들었다.

'예수님은 왜 나다나엘이 나타났을 때, 그의 속에는 간사함이 없고 참 이스라엘 사람이라고 하셨을까?'

내가 보기에 나다나엘은 "나사렛에서 무슨 선한 것이 나겠느냐"라며 반신반의하며 억지로 따라왔다. 그런데 예수님은 그런 그를 극찬하셨다. 나다나엘이 예수님께 "저를 어떻게 아십니까"라고 여쭈자 "내가 무화과나무 아래에 앉아 있는 너를 보았다"라고 말씀하셨다.

무화과나무 아래에 있었다는 건 그늘에서 단순히 쉬기 위함은 아닌 듯하다. 어디에 있었다는 건 무엇을 했다는 의미이다. 아이들이 홍대에 다녀온다고 하면 놀다 오겠다는 말이고, 어머니들이 노량진에 가는 건 수산 시장에 간다는 말인 것처럼 무화과나무 아래에 앉아 있었다는 건 하나님을 묵상하기 위함이 아닌가 하는 생각이 든다.

하나님을 묵상하는 그 시간은 하나님이 아니고서는 알 수 없기에 나다나엘이 이렇게 고백한다.

"당신은 하나님의 아들이시고 이스라엘의 임금이십니다."

그래서 '사흘째 되던 날'이라 함은 이 고백을 한 지 사흘째가 됐다는 말이다.

나는 그 어머니에게 말했다.

“요한복음 2장의 첫 구절을 보면 예수님과 제자들이 혼인 잔치에 초청을 받았어요. 어머니, 예수님을 믿으시지요? 진심으로 그분을 영접하세요. 기적의 첫 번째 조건은 예수님을 초청하는 것입니다. 어머니만 믿어서 될 게 아니고, 아드님도 진심으로 주님을 영접하도록 하세요.

그런데 3절에 보면 잔칫집에 포도주가 떨어졌어요. 그것은 잔치를 끝내야 함을 의미합니다. 당시에는 잔치를 보름에서 한 달 정도 했는데 포도주가 없으면 고소를 당하는 경우가 있었다고 해요. 이처럼 우리의 인생도 예기치 않은 불행이 닥쳐올 수 있습니다. 잔칫집의 포도주가 떨어진 것처럼 어머니의 인생에도 어려움이 온 것이죠. 그럴 때 누가 이 어려움을 가지고 예수님께 나아갔습니까?”

그 어머니가 대답했다.

“예수님의 어머니이지요.”

“맞아요, 제자들도, 예수님을 하나님의 아들이라고 고백했던 나다나엘도, 빌립도 아닌, 예수님의 어머니가 나오셨지요. 왜 그랬을까요?”

그 어머니가 말했다.

“아마도 제자들보다는 어머니가 예수님이 하나님의 아들이라는 걸 더 확실하게 알았기 때문이겠지요.”

내가 말했다.

"예수님은 어머니가 부탁을 하는데도 그분의 때가 아니라고 하면서 거절을 하셨어요. 그런데 그 어머니는 하인들에게 예수님이 시키는 대로 하라고 합니다. 예수님이 어떤 행동을 하실 걸 알았던 거죠. 그녀는 예수님을 믿었기에 '내 아들 예수는 하나님이시기 때문에 비록 당신의 때가 아니더라도 우리의 형편을 아시고 때를 앞당겨줄 것'이라고 믿은 거예요."

그렇다. 하나님은 사랑의 하나님이시다. 우리의 기도를 들으시고 간절히 바라면 그때를 앞당기기도 늦추시기도 하시는, 살아 계시는 하나님이시다.

기도 품앗이

또 7절에 보면 예수님이 하인들에게 항아리에 물을 채우라고 시키신다. 포도주가 급한 이 시점에 왜 굳이 물을 채우라고 하셨을까? 우리는 물이 변해서 포도주가 된 기적의 역사를 알고 있기에 그 이유를 알 수 있지만 당시 사람들은 전혀 몰랐을 것이다.

하인들은 포도주를 구하러 이집 저집을 돌아다녀야 했다. 시간이 없었다. 그런데 예수님은 느닷없이 발 씻는 물을 담는 항아리에 물을 채우라고 하신다. 우리가 이해할 수 없는 걸 하나님께서 이루어주시는 게 바로 기적이다.

예전에 내가 남편에게 자주 하던 말이 있다.

"나는 하나님을 정말 이해할 수가 없어."

그러면 남편이 말했다.

"당신이 이해할 수 있는 하나님이라면 그건 당신이 만들어낸 하나님이야."

인간이 모든 지각에 뛰어나신 하나님을 어떻게 다 이해할 수 있냐는 거였다. 우리가 이해할 수 없는 게 바로 하나님의 은혜다.

7절에 보면 하인들이 항아리의 아귀까지 물을 다 채웠다. 하인들 중에 어떤 사람은 시키는 대로 열심히 물을 긷고, 또 어떤 사람은 투덜거리기도 했을 것이다. 겨우 체면치레로 한두 바가지만 길어온 사람도 있었을 것이다.

나는 성경 말씀을 나누고 나서 그 어머니에게 말했다.

"지금부터 어머니가 할 일은 아는 사람들에게 기도를 부탁하는 것입니다. 아드님이 다 나을 때까지 기도하는 사람, 금식하며 기도하는 사람, 기도해서 무슨 소용이 있겠냐고 포기하는 사람, 하루 정도 기도하는 사람도 있을 것입니다. 지금부터 기도할 수 있는 모든 사람들을 동원하십시오."

그런데 평소에 남을 위해 중보기도를 많이 하고, 교회에서 신앙생활을 해야 기도를 부탁할 사람들이 있다. 병원에 있다 보면 그 사람이 어떻게 살았는지가 한눈에 보인다. 이웃과 더불어 살지 않고 자신만을 위해 살았던 사람들은 찾아오는 이가 거의 없다.

주일에 교회에 출석하지도 않고, 구역예배는 물론이고 여선교회나 남선교회에 가지 않고, 봉사와 중보기도도 하지 않고, 새벽기도를 하지 않는 사람들이 병원에 입원했을 때 보면 찾아오는 교인들이 거의 없다. 그렇게 심은 대로 거두게 된다. 이것이 다른 사람을 위해 중보기도를 많이 해야 하는 이유다. 기도는 품앗이다.

그녀가 말했다.

"전도사님, 제가 고백할 게 있어요. 사실 제가 교회에서 나왔어요. 목사님과 언짢은 일이 있어서 지금은 다른 교회에 다니고 있는데 딱히 기도를 부탁할 만한 사람이 없네요."

"그러면 전에 다니던 교회의 교인들과는 많이 알고 지냈나요?"

"오랫동안 그 교회를 다녔으니 잘 알고 있습니다."

내가 말했다.

"그러면 아드님이 퇴원하거든 당장 그 교회의 담임목사님을 찾아가서 어머니가 용서를 비세요. 물론 그 교회를 나왔을 때는 나름의 사정이 있었을 것입니다. 또 목사님이 잘못하신 것일 수도 있지요. 하지만 그건 하나님께서 알아서 하실 일이고, 어머니가 판단할 게 아닙니다. 어머니가 할 수 있는 건 목사님을 찾아가서 사과하는 것입니다. 그리고 교인들에게 아드님의 회복을 위한 기도를 부탁하세요."

그녀는 난감한지 아무 대답도 하지 못했다. 내가 말했다.

"하인들도 힘들지 않았을까요? 그들이 예수님께서 물을 채우라는 지시를 하셨을 때 이해할 수 없어도 순종했듯이 어머니도 이해되지 않아도 하셔야 합니다. 그래야만 아들을 살릴 수 있어요. 그 항아리를 혼자 채울 수는 없지 않습니까?"

그러자 그녀가 하겠노라고 대답했다. 그래서 목사님에게 용서를 빌고, 다시 그 교회에 들어가 자신의 형편을 말하고 기도를 부탁했다고 한다. 내가 물었다.

"사람들의 반응이 어땠습니까?"

아들이 죽어가니까 살리고 싶어서 교회에 왔다고 말하는 사람도 있고, 진심으로 잘 왔다고 손잡아주는 사람도 있었다고 한다. 교회는 성도가 다시 오지 않겠다고 하고 나갔어도 돌아올 때 받아주어야 하는 곳이다.

내가 그녀에게 말했다.

"오늘부터 목사님이 진심으로 기도해줄 것이니 마음을 편안히 하고 함께 기도하세요. 그런데 기도하다 보면 당장 응답이 오지 않을 때가 있을 거예요. 하인들이 물을 부을 때 물이 조금씩 포도주 색깔로 변하고, 냄새가 나면 얼마나 좋겠습니까? 그러면 '이 물이 곧 포도주로 변하는 기적이 일어나고 있구나' 하고 좋아했을 텐데 아무 일도 일어나지 않았어요. 물은 그대로 있었지요. 낙심이 되어 아귀까지 채우기 전에 '쓸데없는 짓을 하고 있구나'라며 중단할 수도 있었습니다. 하지만 믿음은 기다리는 것입니다."

끝까지 기다리는 게 믿음이다. 하인들이 물을 아귀까지 채우는 걸 예수님이 보고 계셨을 것이다. 그렇다고 가득 찼을 때 바로 포도주가 된 것도 아니다.

끝까지 기다리는 믿음

8절에서 예수님이 "이제는 떠서 연회장에게 갖다주라"라고 말씀하셨다. 나라면 그 물을 연회장에 갖다줄 수 있었을까? 아직 병이 낫지 않았는데 나았다고 선포할 수 있을까? 기도의 응답을 받지 않았는데 받았다고 말할 수 있을까?

그러나 믿음은 바라는 것들의 실상이다. 믿음은 100퍼센트다. 단 1퍼센트의 의심이 있어서는 안 된다. 하인들은 그 말씀을 온전히 믿고 연회장에게 갖다주었고, 그 물이 포도주가 되는 걸 보게 되었다. 아니, 이전 것보다 훨씬 더 좋은 것이 되었다.

내가 말했다.

"어머니가 예수님을 믿었지만 자식은 진심으로 예수님을 영접하지 않았는지도 몰라요. 그런데 아들보다 어머니의 믿음이 더 좋아서 어머니가 어려운 문제를 예수님께 고하면 기적을 베풀어주십니다. 그 결혼식의 연회장이나 혼주가 나아와서 부탁한 게 아니에요. 가장 믿음이 좋은 어머니인 마리아가 나아와서 부탁한 거죠.

어려운 문제가 있을 때 믿음이 좋은 사람들은 하나님께 나아옵니다. 성경에서도 하나님께서 주변 사람들의 믿음을 보고서 아픈 자를 고쳐주시는 걸 볼 수 있어요. 이제 기도를 더 부탁할 수 있겠지요?"

"네, 그럼요."

시간이 얼마 지난 뒤에 내가 그 어머니에게 물었다.

"기도가 응답되었나요?"

"아직이요. 아들한테 아무 느낌도 없어요."

내가 다시 물었다.

"끝까지 견딜 수 있겠어요?"

"네, 견딜 수 있어요."

연회장은 물로 된 포도주를 맛보고도 어디서 났는지 알지 못하되 물 떠온 하인들은 알더라 연회장이 신랑을 불러 말하되 사람마다 먼저 좋은 포도주를 내고 취한 후에 낮은 것을 내거늘 그대는 지금까지 좋은 포도주를 두었도다 하니라 요 2:9,10

중보기도를 하다 보면 그의 기도에 응답받은 것만 감사한 게 아니라 중보기도한 사람들도 하나님의 살아 계심을 알 수 있게 된다. 그래서 중보기도를 많이 하면 할수록 하나님과 깊은 교제가 이루어지고 신앙이 성숙해진다.

예수께서 이 첫 표적을 갈릴리 가나에서 행하여 그의 영광을 나타내시매 제자들이 그를 믿으니라 요 2:11

요한복음은 가나안 혼인 잔치의 포도주 사건을 첫 표적이라고 말한다. '기적'이 놀라운 일이 일어나는 것이라면 '표적'은 그 기적을 통해 하나님께 영광을 돌리는 것이다. 그런데 더 중요한 건 그 표적을 통해 제자들이 예수님을 믿게 된 것이다.

1장에서 분명히 빌립이 예수님을 선지자이자 메시아라고 했고, 나다나엘도 하나님의 아들이라고 했지만 그 표적을 보고서야 비로소 믿게 되었다. 그래서 신앙은 머리로 이해하고, 귀로 듣고, 입으로 말하는 게 아니라 몸으로 체험하는 것이다.

성경의 이야기들이 이천 년 전에 일어났던 사건에 불과하다면 소설책과 다르지 않다. 하지만 성령을 통해 그때 그 사건이 오늘의 내 사건이 될 수 있다는 걸 믿을 때 내 말씀이 된다.

결국 그 어머니는 이 말씀을 붙들고 믿은 결과, 아들이 살아서 돌아오는 기적을 맛보게 되었다.

나는 능력이 별로 없는 사람이다. 그나마 내가 가장 잘하는 건 환자들에게 나누는 것이다. 어떨 때는 밥도 해가고, 상추도 씻어가고, 김치를 담가가기도 한다. 출근할 때 양손 가득히 반찬통을 들고 택시에 타면 기사들이 나를 환자의 보호자로 볼 때가 많다.

나는 환자들에게 말씀을 주는 게 가장 좋은 양식인 걸 잘 알고 있다. 하지만 말씀을 해석하는 능력이 부족하기 때문에 충분히 주지 못한다. 그런데 요한복음의 말씀으로 여러 명이 낫는 기적이 일어났기에 자신 있게 전할 수 있다. 물론 다른 말씀을 통해서도 기적이 일어나겠지만 적어도 내게 있어서 이 말씀만큼 큰 기적을 본 일이 없다. 이 말씀이 당신의 말씀이 되어 삶의 기적을 맛볼 수 있기를 바란다.

한 가지 소원

우리가 늘 하는 고민이 있다.

'오늘 하루를 어떻게 살 것인가? 내 자녀를 어떻게 키울 것인가?'

예전에 부모들은 "나는 흙을 만지고 살았지만 너는 그렇게 살지 말라"라고 가르쳤다. 내 세대는 그런 가르침을 받고 살았다. 그러나 이제는 달라져야 한다.

"다른 사람이 손에 흙을 묻히지 않을 때, 너는 손에 흙을 묻혀라!"

내 자녀가 무조건 돈을 많이 벌고, 좋은 직장에 다녀야 한다고 강요하지 말아야 한다. 자녀가 공부를 잘해도 요리를 좋아한다면 요리사로 키울 수 있어야 한다.

유치원 때 친구가 떠미는 바람에 뒤로 넘어져 뇌진탕으로 식물인간이 된 아이가 있었다. 15년째 그 아이를 간병하던 어머니가 내게 말했다.

"저는 이 아이 때문에 제 인생을 포기하고 살았어요. 지금은 아이가 깨어나도 걱정이에요. 그러면 초등학교에 보내겠습니까, 아니면 중학교나 고등학교에 가겠습니까?"

아이 어머니의 애달픈 외침이었다.

나는 10년 동안 재활학교 교사로 재직했다. 처음에 들어갔을 때는 소아마비에 걸린 아이들이 많았기 때문에 의사소통을 하는 데는 문제가 없었다. 그런데 갈수록 중증장애 아이들이 많이 입학하면서 대화 자체가 되지 않을 때가 많았다. 어떤 때는 한 반에 말할 수 있는 아이가 한 명도 없는 경우도 있었다. 학부모들이 말했다.

"꼴등을 하면 어때요. 대학 시험을 쳐서 떨어지면 어때요. 일반학교에 보낼 수만 있다면 얼마나 좋을까요!"

어떤 어머니가 내게 말했다.

"전도사님, 제 기도가 응답됐어요. 드디어 아이가 제게 '엄마'라고 불렀어요."

한껏 흥분된 목소리로 내게 아이를 데려왔다. 어머니가 아이를 건드리자 몸을 비틀면서 이상한 소리를 냈다. 그래서 내가 그 애에게 "까꿍"이라고 했더니 옆에 있던 엄마들이 눈을 깜박거렸다. 나는 얼른 눈치를 채고, 그 어머니에게 말했다.

"정말 '엄마'라고 부르네요."

그러자 그 어머니가 흐느껴 울기 시작했다. 솔직히 그날 아이가 냈던 소리는 평소와 다름없는 소리였다. 그런데 그 어머니의 귀에는 아이가 '엄마'라고 말한 것처럼 들린 것이다. 그 말이 얼마나 듣고 싶었으면 그랬을까….

장애아를 키우는 어머니들에게는 똑같은 소원이 있다.

"아이보다 딱 하루를 더 사는 게 소원이에요. 우리가 죽은 뒤에 아이들이 천덕꾸러기가 되는 것보다 내가 살아 있을 때, 아이를 내 손으로 묻어주고 죽으면 얼마나 감사할까요."

재활학교에 다니던 한 아이가 죽었다. 그래서 어머니들과 함께 입관예배를 드렸는데 같은 학교의 어머니들이 아이를 잃은 어머니에게 '축 사망'이라고 위로했다. 보통의 경우라면 큰일 날 말이었다. 그런데 서로 같은 처지에 있다 보니 그 말이 '이제 아이도, 당신도 편해졌다'라는 의미로 전해지는 거였다. 누가 그 어머니들을 비난할 수 있을까!

지극히 작은 자에게 한 일

내가 병원에 입사한 지 3년 정도 됐을 때 만난 환자의 이야기다. 그는 울산에 살았는데, 고등학교 2학년 때 철도 사고로 두 다리를 절단했다. 나는 그가 살아온 삶이 궁금해서 물었다.

"그동안 어떻게 살아왔어요?"

그가 담담하게 자신의 이야기를 했다.

"제가 공부를 꽤 잘했어요. 비록 사고로 고등학교를 졸업하지 못했지만 과외를 해서 아이들을 서울대에 많이 보내기도 했죠. 좋은 여자를 만나 결혼도 하고 나름 착실하게 살았어요. 그러던 어느 날, 공부해서 서울대에 가보자는 생각이 들어서 끈질기게 공부해서 들어갔지요. 그러다 극동방송에서 세브란스병원의 김복남 전도사님을 찾아가면 공짜로 의족을 만들어준다는 소식을 들었어요. 26년간 이 석고 다리로 다녔는데 제게는 꿈만 같은 이야기였죠."

그는 돌덩이나 다름없는 석고 다리를 고정시키기 위해 테이프로 여러 번 감고, 그 위에 신문지와 양말로 감싸놓았다. 나는 가슴이 너무 아파서 차마 그 다리를 쳐다볼 수가 없었다. 그날로 그에게 가장 비싼 다리를 선물했고, 덕분에 그는 서울대 법학대학의 입학식에서 당당히 서 있을 수 있었다(그동안 나는 집회를 다니며 받는 사례비와 후원금을 병원에 기부하여 많은 절단 장애 환자들에게 다리를 만들어줬다).

그런데 절단 장애 환자들을 부러워하는 이들이 있다. 바로 하반신마비로 휠체어를 타고 다니는 사람들이다.

"다리 없는 사람들은 의족을 신거나 목발을 짚으면 좁은 길도 다닐 수 있고, 계단도 오르내릴 수 있잖아요. 그런데 우리는 아무리 좋은 곳이라도 휠체어가 갈 수 없으면 포기해야 해요. 그곳이 교회라도요.”

이 말을 들으니 교회가 먼저 나서서 장애인들을 품어주어야 한다는 생각이 들었다.

1997년, 노원구에 있는 순복음노원교회에 집회를 간 적이 있었다. 그 교회에 가서 나는 깜짝 놀랐다. 당시 우리나라 교회들은 장애인 편의 시설이 전무했고, 엘리베이터가 있는 교회도 몇 안 되었다. 그런데 그 교회는 장애인 편의 시설이 잘 되어 있었다. 나는 놀라서 유재필 목사님(당시 담임목사)에게 물었다.

“어떻게 이런 장애인 시설을 할 생각을 하셨어요?”

목사님이 말했다.

“전도사님, 아시다시피 저희 동네에는 아주 큰 부자가 없습니다. 그래서 힘들고 어려운 사람들을 위해 시설을 갖추긴 했지만 빚을 많이 졌습니다.”

그 말을 듣고 나는 바로 “목사님, 제가 오늘부터 그 빚을 갚게 해달라고 기도하겠습니다”라고 말했다.

몇 년 후에 목사님이 우리 병원에 심방을 오셨다. 나는 목사님을 뵙자마자 물었다.

“목사님, 교회의 빚은 다 갚았습니까?”

“네, 다 갚았고, 복지관까지 세웠습니다.”

15년 전에 당시 고명진 목사님이 담임을 하시던 오산침례교회에 간 적이 있다. 겉으로 보기에는 소박하고 작은 교회였다. 그런데 교회 안에 엘리베이터가 있는 걸 보고 깜짝 놀랐다. 교회에서 2억 원을 들여서 만들었다고 했다. 장애인들이 언제든지 예배를 할 수 있도록 하기 위해서. 그 교회를 보면서 마태복음 25장 40절이 떠올랐다.

"내 형제 중에 지극히 작은 자 하나에게 한 것이 곧 내게 한 것이니라."

8장

사랑이 힘이다

물러서지 않는 용기

내게는 친아들만큼이나 귀한 아들이 있다. 바로 양익준 검사다. 그는 1997년 수능시험을 석 달가량 앞둔 어느 날, 고향인 마산의 집 난간에서 추락해서 하반신마비 중증장애를 입게 됐다. 사고 후에 다니던 학교도 휴학하고 일 년 동안 우리 병원에서 재활 치료를 했다. 온 가족이 치료와 재활에 매달려 2001년에 연세대학교에 입학했다.

그는 재활병원에 있으면서 형편이 어려운 이들을 보면서 법조인이 되어 열악한 환경에 있는 소외된 이들을 돕겠다는 생각을 했다. 그래서 법학을 전공으로 선택했다. 다른 학생들은 재학 중에도 고시 공부에 매달렸지만 집안 형편이 넉넉지 않았던 그는 장학금을 타서 등록금의 부담을 줄여야 했기에 학과 공부에 전념했다. 그래서 고시 공부는 졸업 후에 시작하게 되었다.

열심히 공부한 결과 그는 2007년에 사법시험에 합격했다. 그 소식을 듣자 나는 내 아들이 꿈을 이룬 것처럼 눈물이 났다. 그가 그동안 얼마나 노력하고 기도했는지 옆에서 지켜봤기 때문이었다.

연수원에 들어가서도 가장 어렵다는 검사를 꿈꾸며 고된 생활을 잘 견뎠다. 그리고 그는 '휠체어를 탄 검사 1호'가 되었다. 법무부가 휠체어 중증장애인을 검사로 뽑은 게 처음이라고 했다. 난다 긴다 하는 수료생 1,000명 중 검사로 임관될 수 있는 인원은 95명에 불과한데 그는 오로지 자신의 실력으로 좁은 관문을 통과했다.

나는 후천적 장애로 힘들어하는 이들에게 양 검사의 이야기를 꼭 해준다. 그가 공부를 잘하고 세상적으로 성공해서가 아니라 꿈을 잃지 않고 노력하면 반드시 이룰 수 있다는 걸 알려주고 싶었다.

이런 기적을 보여준 또 한 사람이 있다. '두 다리와 팔이 없어도 감사할 수 있어요'라고 고백하던 이홍승 집사이다. 2010년 11월, 그는 고열과 오한으로 응급실에 왔고 이내 의식을 잃었다. 몸은 점점 검게 변해갔고, 호흡이 가빠지더니 심장이 뛰지 않았다.

그가 깨어난 건 3주 후였다. 병명은 흡입성 폐렴구균으로 인한 패혈증이었다. 괴사로 인해 두 다리와 오른팔, 왼쪽 손가락 4개를 절단해야 했다. 그런데 '왜 하필 나여야만 하느냐'며 하나님을 원망하던 그에게 성경 말씀 한 구절이 다가왔다.

"사람이 감당할 시험 밖에는 너희가 당한 것이 없나니 오직 하나님은 미쁘사 너희가 감당하지 못할 시험 당함을 허락하지 아니하시고 시험 당할 즈음에 또한 피할 길을 내사 너희로 능히 감당하게 하시느니라"(고전 10:13).

그는 하나님이 자신을 살려주셨음을 알았지만 그 이유가 궁금했다. 살아 있는 게 감사했지만 팔과 다리가 없는 건 그에게 가혹한 고통이기 때문이었다.

그런데 성경을 통해 질병의 고통이 개인의 죄도, 부모의 죄도 아닌 하나님의 영광을 나타내기 위함임을 발견했다. 이후 하나님께서 자신에게 '몸의 질병이 아닌 마음의 질병으로 고통을 당하는 사람들의 위로자가 되어라'라고 명하셨다고 고백했다.

또 생각을 바꾸자 세상이 달라보였고, 문제 뒤에 계시는 예수님이 보이며 믿음의 눈이 떠졌다고 한다. 그래서 그를 위로하러 왔던 사람들이 오히려 그에게서 희망을 얻어갔다. 회사 동료들도 정성을 모아 그를 찾아왔고, 대표도 다 나으면 회사로 복귀하라고 했다.

또 그가 다니는 창신교회의 담임목사님과 교인들이 너 나 할 것 없이 그를 도왔고, 릴레이 금식기도를 하며 그를 살리기 위해 애썼다. 신앙과 사랑의 힘은 그의 빠른 재활을 도왔다.

세브란스 재활병원에서도 그는 다른 환자들의 가능성이 되었다. 그는 작은 것에도 감사할 줄 알았다. 스스로 밥을 먹게 됐을 때, 전동 휠체어를 처음 운전했을 때, 남의 도움없이 화장실에 갔을 때도 감사를 빼놓지 않았다.

회사에 복귀해서도 기도 모임을 만들어 회사와 리더들을 위해 기도하며 감사의 힘을 나누고 있다고 한다. 두 아이의 아빠이기도 한 이 집사는 가정에서도 '최고 아빠'로 인정받고 있다. 매일 아침마다 아이들과 큐티를 하며 주님의 은혜에 감사하고 있다고 한다.

그가 퇴원하기 전에 내게 말했다.

"죽음에서 건져주신 예수님을 지금 믿고 구원에 대한 확신을 가지면 몸과 마음의 장애는 더 이상 장애가 아닙니다. 절망이 희망으로 바뀌니 감사의 지경이 더 넓어졌습니다."

하나님이 주신 능력으로

건설 현장의 크레인기사였던 황영택 씨는 7톤짜리 콘크리트 기둥을 옮기던 중 사고를 당했다. 그리고 27세에 하반신마비 장애인이 되었다. 그가 술을 먹고 주정을 하는데 엄청 힘들었다(당시 동거하던 여자가 있었는데, 임신 중이었다고 한다. 자기가 하반신마비가 됐으니 여자에게 떠나라고 했다). 나는 그를 잘 달래어 남성 척수장애인 중창단인 '솔라피데'에 들어갈 것을 권유했다.

그런데 그는 스포츠에 더 관심이 많았다. 그래서 휠체어 테니스를 시작했다. 축구를 빼고는 휠체어를 타고 할 수 있는 운동은 다 잘했다. 그는 테니스 국가대표 선수로 활동하며 2000년 방콕 장애인 아시안게임에서 동메달을 수상했다. 그리고 그다음 해에는 대통령 표창까지 받았다.

그런데 그가 운동선수의 삶을 내려놓고 느닷없이 37세에 수능시험을 쳐서 음악대학에 들어갔다. 그 후에 성악가가 되었다는 소식을 들었다.

그러던 어느 날, 그가 병원에서 작은 음악회를 하고 싶다고 말했다. 그래서 내가 말했다.

"우리 병원에는 보통 실력이 있는 사람이 아니면 못 오는데…."

그는 자신도 실력이 있다면서 병원에 입원했을 때 받았던 은혜를 꼭 돌려주고 싶다고 했다. 와서 노래를 부르는데 너무나 잘해서 깜짝 놀랐다. 나중에 그가 말했다.

"제가 TV 예능 프로그램인 〈스타킹〉에도 나갔어요."

알고 보니 '휠체어의 폴 포츠'라고 불리며 유명한 성악가가 되어 있었다. 숨쉬기도 어려운 사람이 아름다운 노래를 하기까지 얼마나 피나는 노력을 했을까 싶었다. 그러나 그것은 그의 노력만이 아니라 하나님께서 그에게 할 수 있는 능력을 주셨기 때문에 가능한 것이었다.

내게 능력 주신 자 안에서 내가 모든 것을 할 수 있느니라 빌 4:13

이 말씀은 내 인생의 말씀이자 우리 환자들의 말씀이 되고 있다.

내게 할 수 있는 능력을 달라고 하나님께 기도하라. 그러면 그분이 반드시 주실 것이다.

어떤 장로님이 교회를 건축하는데 자신은 돈이 없으니 눈을 팔아서라도 건축 헌금을 내고 싶다고 했다. 내가 말했다.

"장로님, 장기 매매는 안 됩니다. 하나님께서 이미 그 마음을 받으셨을 거예요. 대신에 제가 다른 방법을 가르쳐 드릴게요."

"무슨 방법인데요?"

"오늘부터 교회를 짓는 곳에 가서 엎드려서 교인들의 이름을 한 명씩 불러가며 기도하세요. 그들이 돈을 많이 벌게 해달라고요. 물질의 축복을 주셔서 장로님이 못하는 헌금을 하게 해달라고요. 그러면 하나님께서 장로님이 눈을 바친 것 이상으로 기쁘게 받으실 거예요."

그렇게 말해서 그 장로님을 돌려보낸 적이 있다.

어느 날, 한 전신마비 장애인이 내게 말했다.

"전도사님, 제가 오늘 한 명을 전도했어요."

"어떻게 전도했어요?"

그가 말했다.

"마음만 먹으면 누워서도 충분히 할 수 있어요. 건강한 친구들이 병문안을 왔기에 '친구야, 너는 그렇게 돌아다닐 수 있어서 좋겠구

나. 나는 손가락 하나도 움직이지 못하고 이렇게 누워서 평생 살아야 한다. 그런데 내가 여기에 와서 예수님을 믿고 내 영혼이 자유로워졌어. 너도 예수님을 믿고 몸과 마음이 자유로워지기를 바란다. 아픈 사람의 소원이다. 꼭 예수님을 믿어라."

'이런저런 형편 때문에 하지 못한다'라는 말을 하지 말라. 내가 할 수 있는 최선을 찾아 아름답게 주님을 높여드리면 된다. 그것을 가장 기쁘게 받아주실 분이 바로 우리 하나님 아버지이시다.

100달란트를 남긴 사람

마태복음 25장에 달란트에 관한 비유가 나온다.

> 그 주인이 이르되 잘하였도다 착하고 충성된 종아 네가 적은 일에 충성하였으매 내가 많은 것을 네게 맡기리니 네 주인의 즐거움에 참여할지어다 하고 마 25:21

한 달란트에 비하면 다섯 달란트를 가진 사람은 훨씬 많이 가진 것이다. 그래서 한 달란트를 가진 사람이 불평했을 것이다.

"왜 저 사람은 다섯 달란트나 주면서 내게는 한 달란트만 주시나요?"

그는 주인을 원망하면서 한 달란트를 그대로 땅에 묻어두었다. 그 주인은 그런 그를 책망했고, 다섯 달란트를 받은 자가 열 달란트를 가지고 왔을 때 "착하고 충성된 종"이라고 칭찬했다.

다섯 달란트를 가진 사람이 나눌 때 열 달란트가 될 수 있다. 한 달란트를 받았다고 하더라도 나누면 열 달란트, 백 달란트까지 남길 수 있다.

전신마비 척수장애화가인 탁용준 화백의 그림을 본 적이 있다. 그가 유일하게 움직일 수 있는 곳은 어깨 근육뿐이어서 마비된 팔목에 붓을 묶어서 어깨를 이용하여 그림을 그린다. 그런데 그에 대한 아무 정보 없이 그림을 보면 누구도 그의 장애를 알아채지 못할 것이다. 노력하면 달란트도 만들어진다.

또 다른 좋은 본보기가 있다. '로봇다리 세진이'의 엄마로 유명한 양정숙 씨다. 그녀는 두 다리가 없이 태어난 아기 세진이를 입양하여 키웠다. 그리고 아이에게 자신감을 주기 위해 수영을 가르쳤다. 두 모자의 피나는 노력으로 세진이는 각종 수영 대회에서 150여 개의 메달을 땄다.

그리고 15세에 최연소로 성균관대학교에 입학했으며, 미국의 TED(테드, 미국의 비영리 재단에서 운영하는 강연회)에 강연자로 서기도 했고, UN본부에서도 발표를 했다.

그 엄마의 열심이 한 달란트도 가지지 못한 아이를 백 달란트를 가진 아이로 성장하게 한 것이다. 나는 세진이가 한 방송 프로그램에서 험한 세상에 '다리'가 되고 싶다는 내용으로 강의하는 걸 보았다.

내가 본 세진이는 늘 의젓한 아이였다. 6번에 걸쳐 뼈를 깎아내는 수술을 하면서도 굵은 눈물만 뚝뚝 흘릴 뿐 크게 소리 내어 울지 않았다. 넘어져도 오뚝이처럼 바로 일어서던 씩씩한 아이였다. 그런데 그날 무대에 강연자로 선 세진이는 더 큰 사람이 되어 있었다.

그가 말했다.

"사람들이 저를 보면서 '당신을 보면 힘이 나고 용기가 생겨요'라고 말하곤 해요. 이 말을 들으면 하루하루 제가 흘린 눈물과 땀방울이 누군가를 살게 하고, 내일의 나를 태우는 연료가 된다는 생각이 들어 감사할 뿐입니다."

그가 어릴 때 엄마에게 자주했던 질문이 있었다고 한다.

"엄마, 나는 왜 이렇게 태어났어요? 나는 왜 장애인이에요?"

그럴 때마다 엄마가 말했다.

"세진아, 네 몸을 이루는 수천만 가지 중에 네게 없는 건 두 다리와 오른손뿐이야. 엄마에게는 네가 어떻게 생겼는지 중요하지 않아. 네가 어떻게 살아갈지, 어디로 갈지, 누구와 함께 갈지가 더 중요하다고 생각해."

그래서 그는 오늘 거울에 비친 자신의 모습이 내일의 모습과 같듯 오늘 그가 어떻게 살아가느냐가 내일의 자신을 만들어줄 거라고 믿고 있었다.

세진이에게는 큰 꿈이 있었다. 2038년, 그가 만 40세가 되는 해에 IOC위원이 되어 '힘든' 세상을 '힘낼' 세상으로 만들고 싶다고 했다. 그래서 더 많은 아이들에게 무지개와 같은 희망의 다리가 되어주겠다고 했다.

그가 이 꿈을 갖게 된 건 '태극기 사건'이 계기가 되었다고 한다. 한 장애인 국제수영대회에 참가해서 혼자서 금메달 3개, 은메달 4개를 딴 적이 있었다. 그런데 시상식에서 은메달과 동메달을 딴 선수들의 국기는 게양대 위로 올라가는데, 정작 금메달을 딴 세진이 자리에 태극기가 없었다. 그리고 애국가도 나오지 않았다. 세진이가 당황해서 시상대에 서 있는 걸 보고 엄마가 사회자에게 가서 물었다.

"왜 태극기가 없는 거죠? 국가는 왜 안 나오죠?"

그러자 그가 말했다.

"한국에서 온 한 명의 선수가 이렇게 많은 메달을 딸 줄 몰랐습니다. 그래서 미처 준비하지 못했어요."

시상대에서 울고 있는 세진이를 본 엄마는 스케치북에 태극기를 그려서 그의 손에 쥐어주고, 사회자의 마이크를 빌려 직접 애국가를 불렀다. 그러자 노래가 끝날 즈음에 선수와 관중들이 모두 기립박수를 쳤고, 그 응원에 힘입어 세진이는 당당하게 금메달을 목에 걸 수 있게 되었다. 그날 이후로 세진이와 엄마는 '태극기 모자'로 더 유명해졌다.

하나님께서 이들을 보시며 이렇게 말씀하실 것 같다.

"탁용준 화백, 너는 전신마비가 되었는데 손목에 붓을 묶어서 그림을 그려 많은 사람들에게 희망을 주었구나. 너는 진정한 금메달리스트다."

"황영택, 너는 휠체어에 앉아서 고르지 못한 폐활량으로 멋진 노래를 불렀구나. 너도 금메달리스트다."

"세진이 엄마, 양정숙, 다른 사람들이 외면했던 그 아이를 업고 국제대회에서 수영 금메달리스트로, 15세에 최연소 4년 장학생으로 잘 키워냈구나. 그리고 그 아이가 허드슨 강의 차가운 물속에서 수영 마라톤을 할 때, 너는 그보다 더 차가운 얼음 같은 마음을 녹여 가면서 기도했구나. 너도 금메달리스트다."

이 글을 읽는 분들도 하나님 앞에 서게 됐을 때 칭찬받았으면 좋겠다. 그들에 비하면 우리는 정말 많은 걸 가지고 있지 않은가! 다섯 달란트가 아니라 열 달란트를 가지고 있다.

지금 그 달란트를 사용하지 않는다면 하나님 앞에서 악하고 나쁜 종이 될 것이다. 달란트를 가졌다는 건 그것을 나누라는 뜻도 포함되어 있다. 하나님께 열 달란트를 바쳤다는 건 내가 가진 것보다 사람들에게 더 많이 베풀었다는 의미다.

제일 잘할 수 있는 것

사무엘상 17장에 사울이 준 갑옷을 입어보고, 투구를 써보는 다윗의 모습이 나온다.

사울이 자기 군복을 다윗에게 입히고 놋 투구를 그의 머리에 씌우고 또 그에게 갑옷을 입히매 다윗이 칼을 군복 위에 차고는 익숙하지 못하므로 시험적으로 걸어보다가 사울에게 말하되 익숙하지 못하니 이것을 입고 가지 못하겠나이다 하고 곧 벗고 손에 막대기를 가지고 시내에서 매끄러운 돌 다섯을 골라서 자기 목자의 제구 곧 주머니에 넣고 손에 물매를 가지고 블레셋 사람에게로 나아가니라 삼상 17:38-40

다윗은 칼을 군복 위에 차고 시험 삼아 걸어본 후에 사울에게 말한다.

"익숙하지 않으니 이것을 입고 가지 못하겠습니다."

그는 평소 하던 대로 시냇가에 가서 매끄러운 돌 다섯 개를 골라 블레셋 사람인 골리앗에게 나아갔다. 달란트는 다른 사람이 가진 걸 따라하는 게 아니라 내게 주어진 것을 마음껏 활용하는 것이다.

나는 남편에 대해 회상할 때 후회되는 일이 있다. 예전에 남편이 이런 말을 한 적이 있다.

“내가 부모를 잘 만났더라면 상대(商大)에 가지 않고 음대(音大)에 갔을 텐데….”

남편은 중학교 때부터 트럼펫을 불었다. 학교 밴드부에서 시작했는데 나중에는 밴드마스터까지 했을 정도로 음악적 재능이 출중했다. 연애할 때 그가 나를 부산 해운대의 동백섬에 데리고 간 적이 있었다. 자신의 멋진 모습을 보여주리라 마음을 먹었는지 내 앞에서 트럼펫을 불었다(사실 그날 그 모습에 반해 나는 결혼을 결심했다).

결혼하고도 남편은 좋은 트럼펫을 가져보는 게 소원일 정도로 음악에 미련이 많았다. 아끼고 저축해서 겨우 집을 장만한 날에 그가 피아노를 덜컥 사왔다. 그래서 나는 집도 좁은데 피아노를 사왔다며 바가지를 긁었다. 하지만 음악 공부라고는 해본 적이 없는 그가 아이들에게 피아노를 가르쳐주는 걸 보고 깜짝 놀랐다.

‘집안 사정이 좀 나아서 음악 공부를 했더라면 자신의 재능을 마음껏 펼치며 살 수 있었을 텐데….’

나는 안타까운 마음에 남편에게 한마디를 건넸다.

“여보, 나중에 큰 집으로 이사를 가면 제일 먼저 트럼펫을 사도록 해요.”

그러나 그는 그 꿈을 이루지 못하고 떠났다. 나는 진작 사주지 못한 게 후회로 남았다.

나와 워낙 친해 친남매처럼 지내는 사촌오빠가 있었다. 우리가 전도하여 같은 교회에 다니게 되었다. 그도 음악을 매우 좋아했는데 삼촌 댁도 형편이 좋지 않아 상대에 진학했고, 졸업하여 은행에 바로 취직했다.

그러나 오빠 역시 음악에 대한 미련을 버리지 못하고 올케언니 몰래 적금을 들어 당시 3,000만 원짜리 스피커를 샀다고 한다(나중에 올케언니가 알게 되어 한바탕 전쟁을 치렀다고 한다). 오빠의 소원은 빨리 퇴직해서 음악을 실컷 듣는 거였다. 그런데 올케언니가 정년까지 회사에 다녀야 한다고 해서 다 채우고 58세에 퇴직했다. 그러고는 4개월 만에 소천(所天)했다.

올케는 "이럴 줄 알았더라면 자기가 듣고 싶어 했던 음악을 실컷 듣게 해주었을 텐데…" 하고 후회했다. 사람이 살면서 자기가 하고 싶은 걸 하다가 죽는 것만큼 행복한 일은 없다.

그러나 현실에서는 그런 사람이 많지 않다. 특히 전쟁 후 베이비붐 1세대와 2세대들, 이른바 '낀 세대'라고 하는 이들은 더욱 그렇다. 장남이 대학에 가면 나머지 형제들은 학교에 못 가고 희생하던 시절이었다. 그리고 그가 잘되면 온 식구가 그동안 희생했던 걸 보상받고 싶어 했다.

우리 병원의 한 의사가 내게 말했다.

"전도사님, 저는 목사가 되고 싶었습니다. 그런데 할아버지와 아버지가 의사여서 대를 이어 의사가 되어야 한다는 말을 어릴 적부터 들었어요. 하지만 지금 제 아들은 신학 공부를 하고 있어요. 사람은 하고 싶은 걸 해야 한다고 생각합니다. 저도 이제부터 신학 공부를 시작해서 오지에 의사이자 목사인 선교사로 가고 싶습니다."

가장 큰 재능

병원의 전공의들에게 '왜 의사가 되고 싶은가'라고 질문한 적이 있다. 물론 다는 아니었지만 자신이 무엇을 하고 싶은지 별로 생각해보지 않고, 주변의 권유에 떠밀려 의사가 된 경우가 적지 않았다. 뭐가 되고 싶은지도 모르면서 그저 바쁘게 살아온 것이다.

하나님께서는 우리에게 재능을 주셨다. 우리가 잘하는 게 바로 재능이다. 그런데 내가 무엇을 잘하고, 내 자녀가 무엇을 좋아하는지 잘 모르고 살아간다. 그렇게 하나님께서 주신 달란트를 평생 발견하지 못하기도 한다.

나는 아이들에게 커서 뭐가 되라고 말해본 적이 없다. 아이들이 스스로 꿈을 정하고 기도했기 때문이다. 어릴 때부터 아들에게 자기 전에 꼭 기도를 시켰는데 하루는 정수가 자다가 벌떡 일어나 말했다.

"엄마, 나 기도하지 않고 잔 것 같아요."

"아냐, 기도했어."

그 아이는 지금 선교사가 되었다. 또 딸에게는 잠들기 전까지 성경을 읽어주곤 했는데, 몇 장을 읽어도 아이가 자지 않았다. 어떨 때는 마태복음을 다 읽었는데도 자지 않고 성경 이야기에 푹 빠지기도 했다. 그렇게 내가 성경을 읽어주는 것을 듣고 자란 딸은 시나리오 작가가 되었다. 둘 다 스스로 꿈을 꾸며 자신의 길을 찾아가고 있다.

아들이 미국에 가게 되었을 때 내가 당부했다.

"되도록이면 미국 교회에 가서 영어를 배워라. 나중에 귀하게 쓰임 받을 수 있을 거야."

아들이 아빠를 닮아 음악적인 재능이 있었기에 찬양인도자로 여기저기서 와달라는 요청이 많았다. 뉴욕의 한 한인 교회에서 초청한 집회에 가 보니 아들이 찬양 인도를 하고 있었다.

"너, 왜 미국 교회에 가지 않았니?"

아들이 말했다.

"그들이 하는 말을 하나도 알아듣지 못하겠어요."

미국 교회에서 앉아 있자니 시간 낭비라는 생각이 들어서 한국 교회로 왔다고 했다. 그러면서 말했다.

"엄마, 영어를 못해서 죽는 법은 없지만 영성이 없으면 죽어요."

한번은 아들 가족이 있는 일본으로 가서 며느리와 이야기를 나누었다. 내가 손녀들의 교육이 걱정되기도 하고 궁금해서 물었다.

"일본에서 아이들의 교육을 어떻게 할 생각이니?"

며느리가 말했다.

"어머님, 걱정 마세요. 우리가 일본 사람들에 대해 좋지 않게 보는 시선이 있지만 배울 점도 참 많아요. 일본에서는 유치원 때부터 공중도덕을 잘 가르쳐요. 휴지와 물을 아끼는 법도 가르치고요."

자신이 처한 환경에 대한 걱정보다는 긍정적이고 선한 점을 먼저 볼 줄 아는 며느리가 기특했다.

그런데 안타깝게도 일본에는 성탄절이 없다. 그리고 주일에도 일본 아이들은 학교에서 특기 활동을 하기 때문에 주일학교를 열 수 없다고 한다. 그래서 어떻게 목회를 할지 물었더니 며느리가 당차게 말했다.

"어머님, 제게 아주 좋은 달란트가 있잖아요. 드럼을 가르쳐준다고 했더니 일본의 중학생들이 교회에 오더라고요. 그리고 한류 열풍으로 한국어를 배우러 오는 일본 아줌마들도 많아요. 사방이 막힌 것처럼 보일 때도 주님이 허락해주시는 전도 방법이 있는 것 같아요."

내가 가진 재능을 어떻게 활용하여 하나님의 일을 할 수 있을지를 먼저 생각하는 게 중요하다. 다윗은 평소에 자기가 잘 다룰 수 있었던 물맷돌만 들고 전장에 나아간 게 아니었다. '만군의 여호와의 이름으로'의 신앙이 있었기에 거대한 골리앗과 싸워 이길 수 있었다. 우리가 가진 달란트를 하나님의 이름으로 사용할 수 있을 때 비로소 빛이 난다.

나눌 수 있는 기쁨

나는 〈생활의 달인〉이라는 프로그램을 즐겨보았다. 거기에 출연하는 달인들을 보면 얼굴에서 빛이 났다. 좋은 일이나 궂은일이나 가리지 않고, 묵묵히 자신의 자리에서 최선을 다하는 그들의 모습에 절로 박수를 치게 된다.

《하나님의 임재 연습》(The Practice of the Presence of GOD, 규장 간)은 로렌스 수사에 관한 이야기를 담고 있다. 수도원에서 평생 그가 한 일이라고는 부엌일과 설거지, 그리고 수사들의 구두를 닦는 일이었다. 그러나 그는 언제나 웃으면서 기도하는 마음으로 일했다고 한다.

"제게는 일상의 임무를 수행하는 시간과 기도 시간이 다르지 않습니다. 저는 부엌의 온갖 번잡함과 달그락거리는 소음 한가운데서도, 심지어 몇 사람이 동시에 여러 가지 다른 일을 시킬 때에도 마치 제단 앞에 무릎을 꿇고 있는 것처럼 조용하고 평온하게 하나님을 온전히 소유합니다."

성직자가 따로 있는 게 아니다. 자신에게 주어진 조건에서 하나님이 주신 재능으로 오늘 하루하루 열심히 살아가고, 또 다른 사람과 나누는 삶이 바로 성직자의 삶이다.

'내가 가진 것으로 어떻게 더 많이 하나님께 영광을 돌릴 수 있을까? 어떻게 더 많은 사람들과 더불어 살아갈 수 있을까?'

하나님께서는 이런 마음으로 살아가는 사람들을 기뻐하신다. 다음은 지인이 SNS로 내게 보내준 이야기다.

한 어머니가 어린이집 모임에 참석했다. 어린이집 선생님이 그 어머니에게 말했다.

"어머니, 아이가 산만하여 단 3분도 앉아 있지를 못합니다."

어머니는 집으로 돌아오는 길에 아들에게 말했다.

"선생님께서 너를 무척 칭찬하셨어. 의자에 앉아 1분도 못 견디던 네가 3분이나 앉아 있었다고 칭찬하시더라."

그날 그 아들은 평소와 달리 밥투정을 하지 않고 두 공기나 뚝딱 비웠다. 시간이 흘러 아들은 초등학교에 들어갔고, 어머니가 학부모회에 참석했을 때 선생님이 말했다.

"아이의 성적이 몹시 좋지 않습니다. 지능 검사를 받아보는 게 어떨지요?"

그 말을 듣자 어머니는 눈물이 왈칵 쏟아졌다. 하지만 집에 돌아가 아들에게 이렇게 말했다.

"선생님께서 너를 믿고 계시더라. 넌 결코 머리가 나쁜 학생이 아니라고 말이야. 조금만 더 노력하면 이번에 21등했던 네 짝도 제칠 수 있을 거라고 하셨어."

어두웠던 아들의 표정이 환하게 밝아졌다. 훨씬 착하고 의젓해지는 듯했다. 아들이 중학교를 졸업할 즈음, 담임선생님이 말했다.

"이 성적으로는 명문고에 들어가는 건 어렵겠습니다."

그러나 어머니는 교문 앞에서 기다리던 아들과 집으로 돌아가며 말했다.

"담임선생님께서 너를 무척 자랑스럽게 생각하시더라. 네가 조금만 더 노력하면 명문고에 들어갈 수 있다고 하셨어."

놀랍게도 아들은 명문고에 들어갔고, 뛰어난 성적으로 졸업했다. 그리고 명문대의 합격통지서를 받았다. 아들은 대학입학 허가 도장이 찍힌 우편물을 어머니의 손에 쥐여드리고 엉엉 울며 말했다.

"어머니, 제가 똑똑한 아이가 아니라는 건 저도 잘 알고 있었어요. 어머니의 격려와 사랑이 오늘의 저를 만들었습니다."

이것은 범죄심리학자인 표창원 교수의 어머니에 관한 이야기다. 이런 부모가 되어야 자녀도 훌륭하게 자랄 수 있다.

준비하면 기회는 온다

내가 정식으로 병원전도사가 되기 전의 일이다. 연세대 의대를 졸업하여 미국 펜실베이니아 의대 교수로 역임했던 전세일 교수님이 한국에 와서 재활병원의 원장이 되셨는데, 한번은 나를 보자고 하셨다.

"전도사님, 실습하신다고 했지요? 그렇다면 저녁에 오락 치료를 해볼 수 있겠어요?"

"오락 치료가 뭔데요?"

"'레크리에이션 테라피'라고 하는데 하나님은 '크리에이션'(창조)하시고 전도사님은 '레크리에이션'(재창조)하면 되겠네요. 사회사업사들과 심리치료사들에게는 퇴근 후 근무 수당을 주어야 하는데 그런 걸 줄 형편이 되지 않으니 전도사님이 생각이 있으면 한번 해보세요."

그러면서 한 외국 병원의 사이트를 내게 알려주었다. 인터넷에 들어가니 전부 영어로 되어 있었다.

'하나님, 제게 지혜를 주세요.'

그러고는 속으로 '오락 치료가 별 건가' 하고 몇 명의 마비 환자들과 함께 시작했다. 처음에는 윷놀이를 했는데, 움직이지 않는 손으로 윷가락을 던지면서 다들 재미있어 했다. 일반 치료를 받을 때는 힘들어했는데 오락 치료를 시작하면서는 즐겁게 치료를 받았다.

그 모습을 보고 나는 김오성 장로님에게 노래방 기계를 사달라고 부탁드렸다. 언어장애인이 노래하며 치료를 받게 하기 위함이었다. 또 종일 누워 지내야 하는 욕창 환자들에게는 고구마의 싹을 틔워 갖다주기도 했다. 오 헨리의 《마지막 잎새》에서 주인공 존시가 떨어지지 않은 마지막 잎을 보며 희망을 가졌던 것처럼 싹트는 것을 보면서 새 살이 차오를 때까지 참고 견디라고.

내가 각 환자의 상태에 맞춰 여러 치료법을 강구하자 의사들이 보고 혀를 내둘렀다. 재활병원 의사들이 그런 나를 특채로 채용해 달라고 병원에 건의했다고 한다.

나는 이런 사실이 혹여 병원에 누가 될까 봐 마음이 늘 편치 않았다. 그러나 이젠 괜찮다. 난 이미 정년퇴직을 했기 때문이다. 그런데 정년퇴직을 했는데도 의사들의 요청으로 계약직으로 일할 수 있는 영광을 누리고 있다.

오랫동안 기도하는데 응답이 오지 않아 낙심하고 좌절해 있다면 내 이야기에서 큰 위로를 받았으면 좋겠다. '병원전도사'라는 하나님의 약속을 붙잡고 끝까지 견뎠던 나를 보고 말이다. 때가 되면 하나님께서 역사하신다. 우리는 믿음으로 기다리면 된다.

내 코가 땅에 닿을 만큼 엎드려졌을 때 그때가 왔다. 내가 아무리 열심히 공부하고 노력해도 하나님께서는 '네가 얼마큼 낮아질 수 있느냐, 네 자존심을 다 버릴 수 있느냐'를 보시는 것 같았다. 모든 게 쉽게 이루어졌다면 내가 열심히 해서 잘됐다고 생각했을지 모른다. 그것이 하나님의 은혜인지도 모르고 말이다.

솔직히 고백하면 우리 병원의 목회자들 가운데 내가 제일 부족하다. 겸손이 아니고 사실이다. 든든한 배경에 학력과 성품도 다 좋은 사람들 앞에 서면 나는 할 말이 없다. 그런데 하나님은 가장 약한 자를 들어 강한 자를 부끄럽게 하신다.

20년 이상 함께 지낸 전도사들이 내게 이런 말을 한다.

"어쩌면 그렇게 한결같이 성실할 수 있으세요?"

나는 다른 달란트가 없어서 '열심'과 '성실'을 내 달란트로 삼았다. 다른 사람이 한 번 책을 보며 공부할 때, 두 번을 보며 공부했다. 누군가는 내게 머리가 좋다고 하지만 그게 아니다. 남들보다 늘 두 배로 노력했다. 그래야 달란트가 없는 내가 쫓아갈 수 있기 때문이다.

하루는 재활병원의 전 원장님이 어떻게 많은 환자들의 이름을 다 외우냐고 감탄했다. 대부분은 자기가 담당한 환자들의 이름만 외우기 때문이었다. 당시 환자 수가 150명 정도였는데 나는 그들의 이름을 피나는 노력으로 다 외웠다. 내가 내세울 수 있는 게 열심밖에 없었기 때문이다.

이렇게 하기까지 박창일 전 의료원장님의 영향이 컸다. 그는 한국인 최초로 세계재활의학회 회장을 지냈으며 '장애인의 대부'라고 불렸다. 척수장애인후원회, 휠체어테니스연맹 등을 창설했고, 국제키비탄 한국본부 총재, 장애인체육회 부회장 등을 역임했으며, 장애인의 사회 복귀를 위해 누구보다도 노력한 분이다.

그가 의료원장이 되기 전, 교수 시절에 내게 이런 말을 했다.

"저는 하루하루를 정말 열심히 살 것입니다. 그렇게 살다 보면 언젠가는 반드시 그때가 올 것입니다."

그래서 그는 정말 노력하며 살았고, 연세의료원의 의료원장까지 되었다. 나는 옆에서 지켜보면서 그를 롤모델로 삼고, 하루하루 준비하며 살았다. 열심히 준비하다 보면 기회는 반드시 주어진다. 그런 자들에게는 하나님께서 반드시 주시기 때문이다.

아침은 눈부시다

산이 높으면 골이 깊은 것처럼 고난이 크면 축복도 크다. '진정한 축복은 고난이라는 보자기에 싸여 있다'라는 말이 있다. 내 삶에도 한 고비를 넘으면 또 다른 어려움이 있었다. 그렇게 고비 고비마다 어려움이 있었지만 넘고 나면 좋은 날도 있었다.

고통의 밤을 지나온 사람만이 아침이 얼마나 눈부신지 알 수 있다. 절벽 바위에서 밤을 새면서 남편 대신 죽게 해달라고 기도하며 맞이했던 그 아침을 잊을 수 없었다. 나는 수없이 많은 밤을 창가에서 기다렸다. 남편은 밤마다 너무 많이 아팠다. 아침이 오면 왠지 기적이 일어날 것 같았다. 그래서 아픈 남편을 눕혀놓고 창가에 서서 아침이 오기를 간절히 기다렸다.

남편이 떠나고 난 뒤에 잠이 오지 않으면 캄캄한 창밖을 내다보며 아침이 오기를 기다렸다.

'힘들고 어려운 내 인생이 저 어두운 밤과 같구나. 이 긴 터널은 언제쯤 끝이 날까?'

아침이 오기 직전이 가장 어둡다. 그러나 아침은 반드시 온다. 지금 당신이 홍해 앞에 와 있는 것 같은 위기를 만났거나, 수르 광야의 사흘 길을 헤매는 지루한 고난을 당하고 있거나, 쓴물이 있는 마라를 만나 크게 낙담하고 있을지 모른다. 그러나 그곳이 어디든 낙심하지 말길 바란다. 분명히 엘림에 이르게 될 것이다. 반드시 출구가 나타난다.

내 궁극적인 아침은 부활의 아침이다. 요한계시록에 나오는 새 하늘과 새 땅이 오면 더 이상 병든 자나 아픈 자가 없고, 외로운 자나 가난한 자도 없는 부활의 아침, 그 눈부신 아침을 기다릴 것이다. 주님과 함께 영원히 살 수 있는 그날에 그곳으로 먼저 간 남편을 만날 것이다. 또 내 품에 안겨서 떠나간 환자들, 내 손으로 눈을 감겨준 그 많은 이들을 만날 것이다.

맺/음/말

예비하신
복을 바라보라

내가 가장 힘들고 어려웠을 때 하나님께서 주신 약속의 말씀이 있다. 바로 출애굽기 15장 22-27절 말씀이다.

> 모세가 홍해에서 이스라엘을 인도하매 그들이 나와서 수르 광야로 들어가서 거기서 사흘 길을 걸었으나 물을 얻지 못하고 마라에 이르렀더니 그곳 물이 써서 마시지 못하겠으므로 그 이름을 마라라 하였더라 백성이 모세에게 원망하여 이르되 우리가 무엇을 마실까 하매 모세가 여호와께 부르짖었더니 여호와께서 그에게 한 나무를 가리키시니 그가 물에 던지니 물이 달게 되었더라 거기서 여호와께서 그들을 위하여 법도와 율례를 정하시고 그들을 시험하실새 이르시되 너희가 너희 하나님 나 여호와의 말을 들어 순종하고 내가 보기에 의를 행하며 내 계명에 귀를 기울이며 내 모든 규례를 지키면 내가 애굽 사람에게 내린 모든 질병 중 하나도 너희에게 내리지 아니하리니 나는

너희를 치료하는 여호와임이라 그들이 엘림에 이르니 거기에 물 샘 열 둘과 종려나무 일흔 그루가 있는지라 거기서 그들이 그 물 곁에 장막을 치니라

내 안에 원망하고 불평하는 마음이 가득할 때 주신 말씀이다.

'왜 내 남편이 아파서 죽어야 했습니까? 병원전도사를 하려는데 왜 도와주지 않으셨습니까? 왜 이렇게 사는 게 힘듭니까? 하나님께서 정말 절 버리셨습니까?'

출애굽기 15장 22절에 보면 모세가 이스라엘 백성들을 데리고 홍해를 건너 광야에 나온다. 사흘 길을 헤맸지만 물이 없었다. 광야에서 3일 동안 물을 구하지 못하면 전멸이다. 홍해가 갈라지며 절체절명에서 벗어났는데, 또 다른 고난이 기다리고 있었다.

'산 넘어 산'이라는 말이 있다. 고난을 피하니 또 다른 고난이 온다는 뜻이다. 겨우 물을 발견하여 '이제는 살았구나' 했는데 쓴 물이라 마시지 못했다. 기대가 실망이 될 때의 아픔은 말할 수 없이 비참했다.

그래서 이스라엘 백성들은 모세를 원망했다. 불과 얼마 전에 홍해가 갈라지는 기적을 체험했고, 미리암과 함께 소고를 치며 춤을 췄는데 다시 고난을 당하자 하나님을 원망하고 불평했다.

나는 이스라엘 백성들의 모습에서 내 모습을 발견했다. 하나님

께서 내 인생에 베풀어주신 은혜가 얼마나 많은지 모른다. 그런데 주신 은혜를 다 잊어버리고 고난을 당하면 바로 원망하고 불평하는 내 모습을 보았다.

백성들은 하나님을 원망했지만 믿음의 사람인 모세는 하나님께 부르짖어 기도했다. 그는 홍해 앞에서도, 마라의 쓴 물 옆에서도 기도했다. 나는 깨달았다. 가정이나 교회나 직장이나 나라와 민족에 문제가 생겼을 때 원망하고 불평하기 전에 나 한 사람이라도 무릎을 꿇고 기도해야 한다는 것을.

하나님께서는 불평하는 이스라엘 백성들의 목소리가 아닌 기도하는 모세의 목소리를 들으시고 그들을 살려주셨다. 모세가 부르짖어 기도했을 때 하나님께서 그에게 한 나무를 가리키시며 그 가지를 물에 던지게 하셨고, 그렇게 하자 단물이 되었다.

그때 하나님께서 그들에게 법도와 율례를 정해주셨다. 하나님의 말씀에 순종하고, 그분의 의를 행하고, 모든 법도와 규례를 지키면 애굽에 내린 질병이 하나도 내리지 않게 하겠다고 말씀하셨다.

힘들고 어려울 때 더 열심을 보여야 한다. 평안할 때 예수를 못 믿을 사람이 어디 있겠는가. 예수를 믿으면 복을 준다는데 못 믿을 사람이 어디 있겠는가. 하지만 믿음은 그런 것에 있지 않다. 빚을 갚기도 바쁜데 헌금할 돈이 어디 있냐고 말하는 사람이 있다. 하나님은 다 보고 계신다.

바람이 불 때 알곡과 쭉정이가 드러나듯이 그분은 우리의 마음과 동기를 보고 계신다. "애굽 사람에게 내린 모든 질병 중 하나도 너희에게 내리지 아니하리니 나는 너희를 치료하는 여호와임이라"(출 15:26)에서 모든 질병은 단순히 병만을 말하는 게 아니라 우리 삶의 모든 어려운 문제를 말한다. 그것을 해결해주시는 하나님이심을 말씀 속에서 선포하셨다.

27절에 보면 그들은 엘림에 이르렀다.

> 그들이 엘림에 이르니 거기에 물 샘 열둘과 종려나무 일흔 그루가 있는지라 거기서 그들이 그 물 곁에 장막을 치니라 출 15:27

그곳에 가니 조그만 웅덩이가 아닌 물 샘 열둘로 지파 수대로 마음껏 먹을 수 있고, 종려나무 일흔 그루가 있는 숲이 우거져 있었다. 마라에서 엘림까지는 16~17킬로미터 정도로, 말을 타면 반나절, 걸어서는 한나절이 걸리는 거리였다. 하나님은 이미 이스라엘 백성들을 위해 엘림을 예비해놓고 계셨다.

고난 가까이에는 하나님이 예비해놓으신 복이 있다. 영의 눈이 가리어져 당장 당하는 고난만 보이고 하나님의 축복을 볼 수 없는 것이다. 고난 당할 때 영의 눈을 뜨길 바란다. 그리고 하나님께서 예비하신 복을 바라보라!

감/사/의/글

"나의 나 된 것은 하나님의 은혜라!"

먼저 모든 영광과 감사를 하나님께 드린다. 하나님의 은혜로 수천 개의 교회를 다녔지만 단 한 번의 사고도 없었고, 병원 결근도 하지 않았다. 이 모든 것이 성령님의 도우심이 있었기에 가능했다.

또 강사를 위해 한 달 또는 6개월 이상 기도했다는 교회들이 많았다. 어찌 나만을 위해 기도했겠는가. 내 가정과 우리 병원과 환자들을 위한 기도도 했을 것이다. 기도해주신 교회들에게 감사를 전하고 싶다.

그리고 목회자들이 평생 규장에서 책을 한 번 내는 게 소원이라는데 나 같은 사람을 위해 기도하는 가운데 찾아오신 여진구 대표님과 원고 정리에 애써준 김아진 실장님과 나를 위해 기도해준 규장의 직원들에게 진심으로 감사를 전한다.

특히 아빠를 대신해서 일본 선교사가 된 아들 이정수, 며느리 김정현, 예쁜 손녀 애실이와 은실이, 이들을 위해 늘 기도해주시는 사돈 김원봉 목사님(현재는 포스코 근무), 이은명 집사님에게 감사드리며, 아픈 엄마 때문에 늘 가슴을 졸이며 울던 사랑하는 딸 이공주, 혼자 된 동생을 가슴 아파했던 (故)김원곤 사촌오빠와 올케언니 김영숙 권사에게도 감사한다. 그리고 새벽마다 기도해주신 언니 김복순 권사와 형부 배수원 장로에게 감사를 드린다.

또한 10명의 은인들에게 감사한다. 우리를 전도해주신 손세만 목사님과 임현순 사모님, 내 아이들을 자식처럼 돌봐주신 (故)김용일 장로님과 최정현 권사님, 늘 우리 가족을 위해 기도와 물질로 도와주시는 소구영 목사님과 김지혜 사모님, 박창일 원장님과 김용원 사모님, 김오성 장로님과 문인숙 권사님, 미국 애틀랜타의 거리의 사람들(150~200여 명)을 토요일마다 7년째 음식과 예배로 섬기고 있는 세계적인 과학자인 최우백 박사님과 최신애 권사님, 세계적인 부자인데도 늘 소박하고 겸손하신 장도원 장로님(포에버21 회장)과 장진숙 집사님에게 존경과 감사를 드린다.

디모데 같은 곽수산나 전도사, 뇌종양 수술을 잘해주신 이규성 교수님, 심장 시술을 잘해주신 장양수 교수님도 평생 잊지 못할 은인들이다.

장애인들을 위해 후원해주는 후원자들께도 감사드리고 싶다. 미주의 익명의 후원자, 진경련 권사님, 서영민 사모님, 임선재 장로님(성애 성구사), 일본의 일본생명수 열방교회의 이정수 목사님, 미국 체리힐 제일연합감리교회, 이태준 어머님, 성낙인 장로님 그 외에도

다 옮기지 못한 많은 후원자들께 감사드린다.

내 신앙을 키워준 은광교회의 이동준 담임목사님과 양승만 장로님을 비롯한 모든 장로님들, 김태정 권사님을 비롯한 모든 권사님들, 특별히 나를 공부시킨 김혜영 장로님을 비롯한 17명의 후원자들께 감사드린다. 그리고 고(故) 김철손 교수님(김성애 전도사 부친)과 사모님께도 감사를 드리고 싶다.

또 부족한 목회를 채워주시는 정종훈 목사님(교목실장 겸 의료원 목실장)과 전문병원 담당인 공재철 원목과 원목실의 모든 목회자들과 이지연, 김윤미 선생과 간호국의 날에 함께 봉사한 이은희 팀장님과 임종순 파트장님에게도 감사드린다.

간증 집회를 통해 좋은 교회와 좋은 목사님들과 주 안에 가족들도 생겼다. 상주 소상교회의 조원회 목사님, 늘푸른교회의 김효현 목사님, 샌디에이고 연합감리교회의 이성현 목사님, 여수 산돌교회의 이명기, 김은이 부부, 아리조나 튜산에 살고 있는 윤긍재, 장현순 부부, 뉴욕에 있는 박정임, 방윤미, 그리고 UCLA병원의 채플린이 된 사랑하는 딸 유희정에게 감사하고 싶다

130년 전 이 땅에 오셔서 세브란스병원을 최초의 병원이자 한국 개신교의 뿌리가 되게 하신 알렌 선교사님, 병원을 위해 헌신하신 에비슨 선교사님, 한국 최초의 최신식 병원을 짓게 해주신 세브란스 장로님께 감사를 드린다.

또한 최초를 넘어 최고의 병원이 되도록 잘 이끌어 가시는 정남식

의료원장님, 윤도흠 세브란스 병원장님께도 감사를 드리고 싶다. 이 분들을 통해 세브란스병원이 국가고객만족도(NCSI)에서 5년 연속으로 1위를 했고, 국제의료기관평가위원회(JCI)에서 한국 최초 인증 및 4번째 인증을 받았으며, 메르스(MERS)가 발병 전부터 음압 병실을 비롯해서 특별감염실을 설치하여 국민안심병원이 되도록 하심에 거듭 감사드린다.

23국에서 55명의 동문 선교사가 사역할 수 있도록 지원하고 있는 의료선교센터의 안신기 소장님과 박진용 선교사님과 직원들에게 감사드린다. '하나님의 사랑으로 인류를 자유롭게 한다'는 미션을 이루기 위해 매년 6만 명의 외국인들을 진료하시는 인요한 국제의료센터 소장님께도 감사드린다.

그리고 재활병원을 가장 사랑하시는 신지철 재활병원장님에게 감사드린다. 또한 자료를 제공해주신 이숙자 팀장님, 강진석 선생님, 강신욱 팀장님, 조종렬 파트장님, 김상진 목사님에게 감사드린다.

규장에 다시 한 번 감사를 드리며, 규장이 한국 최고를 넘어 세계 최고의 기독교 출판사가 되도록 나와 함께 기도해주시길 독자들에게 부탁드리고 싶다.

사랑하기 위해 살고 살기 위해 사랑하라

초판 1쇄 발행 2015년 12월 24일
초판 2쇄 발행 2016년 2월 14일

지은이 김복남

펴낸이 여진구
책임편집 4팀 | 김아진, 김소연
편집 1팀 | 이영주, 김수미 2팀 | 최지설, 김나연 3팀 | 안수경, 유혜림
책임디자인 이혜영, 전보영 | 마영애
해외저작권 김나은
마케팅 김상순, 강성민, 허병용, 이기쁨 **마케팅지원** 최영배, 이명희
제작 조영석, 정도봉 **경영지원** 김혜경, 김경희

이슬비전도학교 최경식, 전우순 **303비전성경암송학교** 박정숙, 정나영, 정은혜
303비전장학회 & 303비전꿈나무장학회 여운학

펴낸곳 규장

주소 06770 서울시 서초구 매헌로 16길 20(양재2동) 규장선교센터
전화 02)578-0003 **팩스** 02)578-7332
이메일 kyujang0691@gmail.com **홈페이지** www.kyujang.com
트위터 twitter.com/_kyujang **페이스북** facebook.com/kyujangbook
등록일 1978.8.14. 제1-22

ⓒ 저자와의 협약 아래 인지는 생략되었습니다.
이 출판물은 저작권법에 의해 보호를 받는 저작물이므로 무단 전재와 무단 복제를 할 수 없습니다.

책값 뒤표지에 있습니다.
ISBN 978-89-6097-434-0 03230

규 | 장 | 수 | 칙

1. 기도로 기획하고 기도로 제작한다.
2. 오직 그리스도의 성품을 사모하는 독자가 원하고 필요로 하는 책만을 출판한다.
3. 한 활자 한 문장에 온 정성을 쏟는다.
4. 성실과 정확을 생명으로 삼고 일한다.
5. 긍정적이며 적극적인 신앙과 신행일치에의 안내자의 사명을 다한다.
6. 충고와 조언을 항상 감사로 경청한다.
7. 지상목표는 문서선교에 있다.

하나님을 사랑하는 자 곧 그의 뜻대로 부르심을 입은 자들에게는 모든 것이 合力하여 善을 이루느니라(롬 8:28)

규장은 문서를 통해 복음전파와 신앙교육에 주력하는 국제적 출판사들의 협의체인 복음주의출판협회(E.C.P.A:Evangelical Christian Publishers Association)의 출판정신에 동참하는 회원(Associate Member)입니다.